遊び・生活・学びを培う
教育保育の方法と技術

実践力の向上をめざして

北野 幸子
角尾 和子
荒木 紫乃 編著

北大路書房

はじめに

　乳幼児期はかけがえがない時期である。昨今,脳科学をはじめとした諸科学によって,乳幼児の独自性や有能性が実証されつつある。そしてそれゆえにその時期の教育保育が重要であることも,広く指摘されている。ここで,保育者,特にその実践の方法と技術が,同様に重要であることはいうまでもない。保育者は,乳幼児にふさわしい教育保育を実践する専門職である。本書の趣旨は,専門職としての教育保育の方法と技術について,概説し,その成長を促すためのヒントを提供することである。

　教育保育の方法と技術を取り上げるうえで,私たちが注意しなければならないのは,その方法と技術を小学校化してしまわない,ということであろう。昨今,小学校教育との連続性を図るため,あるいは連携を進めるため,という名目で,乳幼児にふさわしくない実践が少なからず見られるとの声を耳にする。たとえば,教育保育課程に30〜45分の小学校の授業のような保育が埋め込まれている。実践においては指示語が多く発せられてもいる。製作物の出来やパフォーマンスの達成度にのみにとらわれている。外部講師による小学校の教科の前倒しのような,より細分化・専門特化した実践が提供される,というように。私たちはここで,かつての二項対立的な議論,つまり,児童中心主義 vs. 教科主義,好きな遊び中心の保育 vs. 設定保育,といった単純な議論を再現するつもりはない。ここでは,より融合的で柔軟に,乳幼児の遊び・生活・学びを培うための方法と技術を考えていきたい。

　子どもの人間関係形成能力や,体力,学力の低下,さらには,多元文化社会,や知識基盤社会に生きる力の育成を図ることの必要性が指摘され,その対応を保育者にも期待されている。これに応じるためには,保育者は,広く深い学びと経験に裏づけられた子ども理解力と,科学的根拠に基づく保育実践(計画,実践,評価)力が必要である。日々の保育の評価・省察に基づき,保育者一人ひとりが,時に個人で時に同僚とともに学び続けて専門性を高めることが,これまでにも増して必要とされている。乳幼児の主体的な活動を援助するためには保育者は,応答的であるというよりも,乳幼児の主体性を活かしつつ,かつ自らも主体的に教育保育環境を準備し,意図的に働きかける存在でなければならない。子どもたち

i

はじめに

が学びの楽しさや意義を実感できるように，①学びを子どもの生活と連続性があるものとし，②学びが子どもと子ども，子どもと保育者の相互作用によって構成されるものとし，③実践が科学的根拠に基づく質の高いものとなるような，教育の技術と方法が，専門職としての保育者に望まれていると考える。

これらを踏まえて，本書では，子どもとの相互作用をキーワードに，「子どもの遊び・生活・学びを培う教育保育の方法と技術とは何か」を例示し，その育成を試みる新しい養成方法ついて具体的に紹介する。さらに，保育者が学びを継続し，また新しい方法と技術を駆使して学びを深めていくことができるように，必要な保育者の力量を提示する。その中には①メディアの活用方法，②子どもとの相互作用を重視した実践力（プロジェクト型の保育），③保育者が人と繋がる力（社会的資源の活用，家庭との連携や，保育所・幼稚園と小学校の連携），④生涯学習を進める方法などがある。

本書は，4部で構成されている。第1部では理論的な基礎を述べ，第2部では基礎的な実践力を培うために，保育実践場面を想定しながら，乳幼児教育保育に必要な方法と技術を明らかにしている。第3部では保育実践の方法と技術を育成するための養成教育の試みを具体的に紹介し，第4部では楽しくまた有効な実践をつくるための方法と技術に関して，最新の研究動向を踏まえながら提案し，展望している。

発案そして第2・3・4部の一部の編集を角尾が担当し，第3部を主に荒木が担当し，第1・2部と第4部を主に北野が担当した。本書は，教育保育の方法と技術に関わる基礎学力および実践力が育成できるように，また，保育者養成と再教育・研修に関する今日的ニーズに応答できるようにとの意図で構想された。世代と専門領域が大きく異なる3人が，何よりも保育領域の発展を願い，さらに数多くの志を同じくする執筆者の力を借りて，ともに編み上げたものである。本書が多くの保育に携わる人を応援すると同時に，より広く，乳幼児教育保育独自の専門的な方法と技術の内容を伝える媒体となることを願ってやまない。

最後に，本書の完成に向けて，辛抱強くまた温かくご協力・ご尽力くださった，北大路書房の北川芳美さんに，編者を代表して心より感謝申しあげる。

        2009年4月   編者を代表して 北野幸子

もくじ

はじめに　i

第1部　教育保育の方法と技術の基礎〈理論基礎編〉

1章　保育の方法と技術とは何か―保育者の専門性とその向上を図るために― ……… 2
1節　保育における倫理知と実践知，およびその活用能力　2
2節　科学的根拠に基づく実践――専門性の向上を図るために　6

2章　教育課程の基礎 …………………………………………………………………… 9
1節　幼稚園教育要領・保育所保育指針とは何か　9
2節　指導案――概要，作成・活用の方法と技術　13
3節　実習日誌――概要，作成・活用の方法と技術　20
4節　事後記録――概要，作成・活用の方法と技術　25

第2部　実践を想定した教育保育の方法と技術〈実践基礎編〉

3章　好きな遊び場面の援助 …………………………………………………………… 32
1節　運動遊びと健康づくり　32
2節　音楽遊びと情操教育　36
3節　製作遊びと表現力の育ち　40
4節　科学遊びと科学する心の育成　44
5節　ごっこ遊びと人間関係能力の育ち――事例「魔法の鍵ごっこ」　49

4章　園生活における援助 ……………………………………………………………… 55
1節　生活の秩序――基本的生活習慣　55
2節　生活の中の運動習慣　59
3節　生活の中の音楽　63
4節　学びの環境づくり　67
5節　友だちとの輪をつくる――人間関係づくり　71

5章　小学校教育を見通した保育過程の構想 ………………………………………… 77
1節　総合的活動としての運動遊び　77
2節　音楽教育活動　81
3節　製作活動と表現教育　86
4節　幼児期に経験しておきたい科学と科学遊び　90

5節　子どもの社会性をはぐくむ保育　94

第3部　新しい時代の教育保育の方法と技術——養成教育の試みを中心に——

6章　体験・共感・創造性を重視した「教育の方法と技術」
——メディアを取り入れた養成教育の試み——……………… 100
1節　総合的な子ども理解とそれを援助する力の育成　100
2節　遊びの質に着目して多角的にとらえる力の育成　105
3節　運動遊びの実体験による子どもの理解力の育成　110
4節　日常生活の中で科学する心をはぐくむための実践力の育成　114
5節　物語を伝える力の育成——アニメ・絵本・お話　118
6節　マルチメディアを使った音楽表現力の育成　122
7節　実践的音楽活動での表現する力の育成　126
8節　五感を使って表現する力の育成　131
9節　情報機器の操作に関する技術習得を通した保育実践力の育成　135

7章　教育実習と養成の授業を融合させる工夫　……………… 139
1節　新しい発想の劇遊びを体験する　139
2節　ミズリー州立大学コロンビア校人間発達家族研究学部の保育実習　143
3節　実習計画の工夫と実践からの学び
　　　——大規模校の実習計画と実践：ひとりを追う　151

第4部　これからの教育保育の方法と技術

8章　マルチメディア時代の子どもと保育　……………… 158
1節　子どものテレビ理解の発達　158
2節　情報洪水と子ども　164
3節　子どもとコンピュータ　169
4節　子どものメディア・リテラシー教育　176

9章　保育実践の改革の動向——実践力の向上のために——　……………… 185
1節　相互作用を重視した保育の方法と技術　185
2節　人とつながる保育方法と技術——家庭との連携，保幼小の連携　189
3節　生涯学習時代の保育者の力量形成　193

引用・参考文献　195
索　　引　201

第 1 部

教育保育の方法と技術の基礎
〈理論基礎編〉

1章 保育の方法と技術とは何か
―保育者の専門性とその向上を図るために―

「保育者のイメージは？」と問われた場合，あなたは何を思い描き，どう答えるであろうか。明るい，やさしい，元気，明朗，包容力がある，許容力がある等々，人間性に関わる答えを思い浮かべたであろうか。では，「保育者の専門性とは？」と尋ねられた場合はどうであろうか。「人間性」と答えるであろうか。人間性は資質ではあるが専門性とは言い難い。そもそもいわゆる人と接する分野での専門職であればいずれの職業でも，すぐれた「人間性」が常に問われるといっても過言ではないであろう。明るく，やさしく，乳幼児を包み込むように，時に導き，時にあと押しし，時に厳しく援助する。そのような人間性が望まれる保育者には，すぐれた人間性に加えてどのような専門性が必要なのであろうか。どのようにその質の向上が図れるのであろうか。以下，考えてみよう。

1節　保育における倫理知と実践知，およびその活用能力

保育者には，保育に関わる専門知識・専門技術とともに，何よりもそれらを実際の職場で使う（活用する）力を身につけ続けることが望まれる。保育実践は，ライブで展開するため，その状況に適した判断力が必要であり，その専門性は，暗記型・記憶型・結果主義ではなく，活用型・展開型・文脈主義といった特徴がある。保育における理論知と実践知（経験知），そしてそれらを活用する力を考えるにあたり，大きく6つに分けて整理してみよう。6つの力とは，①一般基礎力，②専門基礎力，③子ども理解力，④実践構成力，⑤洞察・判断力，⑥成長力（反省・内省・評価）である（図1-1）。

1章　保育の方法と技術とは何か ── 保育者の専門性とその向上を図るために

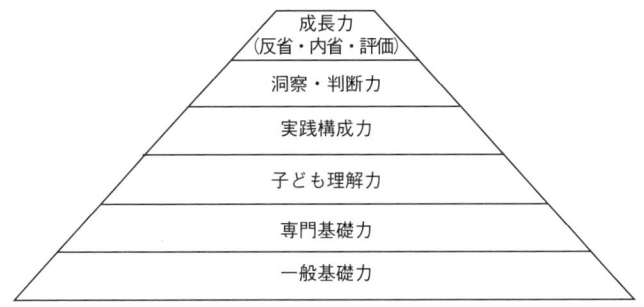

■ 図1-1　保育を支える専門知・実践知とその活用能力

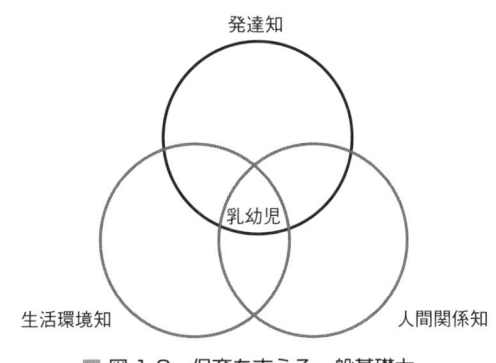

■ 図1-2　保育を支える一般基礎力

(1) 一般基礎力

　一般基礎力として，保育者に望まれる力は，子どもを理解するために必要な知識である。「子どもを理解する」ということは，言葉で言う以上に実際は難しい。少子化が進み，きょうだいの数が減り，地域の人間関係が希薄化しているといわれる今日，まずは子どもと直接触れ合い，子どもを知ることが大切である。しかし，単に子どもと触れ合うだけで理解できることには限界がある。さらに深く子どもを理解するためには，理解しようとする保育者に，子どもを洞察する視点が必要となる。この視点として挙げられるものには，子どもの一般的な発達の過程についての知識（発達知），子どもの育つ家庭環境や地域環境，社会環境についての一般的な知識（生活環境知），子どもの親子関係やきょうだ

3

い関係，仲間関係など人との関係についての一般的な知識（人間関係知）が考えられる（図1-2）。これらの3つの側面についての一般的な知識がその基盤となって，それとの比較の視点から総合的に個々の子どもを理解する姿勢が保育者には望まれる。一般基礎力とは，その基盤となる一般的な知識であるといえよう。

(2) 専門基礎力

専門基礎力とは，一般基礎力に加えて，保育実践を計画するうえで必要な力である。保育の教育課程や保育の内容領域についての知識は，保育実践をつくるうえで不可欠な基礎力となる。一般基礎力として学び，身につけた，子どもの発達や子どもを取り巻く社会物的・人的環境に関わる知識を踏まえて，実際に保育でなされている実践内容について知見を持つことが，保育者になるための専門基礎力として必要である。

保育実践は，家庭で行なわれる保育と連続を持たせながらも，家庭保育とは明らかに異なり，集団の子どもたちの成長をはぐくむ実践である。保育は決して子どもの安全や健康のみを重視した「子守り」ではない。保育は，安全や健康への配慮をしながら，子どもの発達，生活環境，人間関係についての専門的な知識に基づき子どもの生活・学びの基礎をはぐくむ，まさに教育活動である。子どもの探求心・好奇心・チャレンジ心のピークは幼児期であり，また子どもは環境によって，特に人的相互作用の影響を多大に受けて発達する。

もし，あなたが，子どもの年齢の高低がそのまま，その子どもと接する専門職の専門性の高低であると考えているとしたら，それは，間違いである。保育が他の教育専門職と同様に，きわめて重要であることが，昨今の脳研究の成果を実践および政策の問題と関係づけて指摘されている（Tarlov & Debbink, 2008など）。

(3) 子ども理解力

子ども理解力とは，一般基礎力と専門基礎力を踏まえて，一般的な子どもと一般的な保育実践に関わる知識を活かして，実際に目の前にいる子どもたちを対象に保育実践を計画するうえで必要な，特定の子どもたちを理解する力である。これは活用力と位置づけることができる。保育者には，子どもの発達，社会物的・人的環境をとらえ，興味関心を洞察する力が必要である。保育実践に

はガイドラインは存在するが，真の意味でのマニュアルは存在しない。保育の現場では，同じ子どもは1人も存在せず，同じ集団も存在しない。よって，実際に知識や技術を暗記したり身につけるだけではなく，それを状況に応じてアレンジし，活用することが望まれる。その基礎としては，まずこれまでに学んだ基礎的な力をもとに，子どもを理解する力を身につけることが望まれる。

(4) 実践構成力

　実践構成力とは，子ども理解力で把握した子どもの姿を踏まえて，専門基礎力，すなわち実践をつくるうえでの基礎となる一般的な知識を活用し，目の前の子どもに応じた保育実践を保育者自らが構成し，つくる力である。これも活用力と位置づけることができる。保育実践は単に思いつきで絵本を選んだり，歌を選択したり，遊びを構想するのではない。子どもの姿，好奇心，発達状況といった子どもたちについての理解と，このような力を身につけてほしい，このような友だち関係を築いてほしい，このような自己有能感を持ってほしいといった，子どもの育ちを見通した期待と，科学的根拠に基づいて，子どもとの相互作用の中で保育者がつくるもの，それが保育実践である。ねらい，めあて，子どもへの願い，といったものが明確にあり，そのための方略として，環境が設定され，活動が構想されるのである。

(5) 洞察・判断力

　洞察・判断力とは，まさにライブで実践が展開している時に，保育者が子どもたちの状況をすばやくかつ的確に判断し，その時々の援助をどうするのか判断する力のことである。保育者の洞察・判断力こそが，保育者がその時までに学び身につけてきた知識と技術とその活用力の集大成が発揮されるものであるともいえる。保育者の力量が問われるのは，子どもと接している時のその援助のあり方であり，これは，付け焼き刃で身につけた小手先の技術や知識，勘やひらめきによるものではないと考える。実践構成力があらかじめ計画できる静的な援助ならば，洞察・判断力は，まさに動的な援助と呼ぶことができるであろう（北野・立石，2006, p.189）。

(6) 成長力

　最後に，保育者に必要な専門知・実践知（経験知），そしてそれらの活用能力には，学び続ける成長力が不可欠である。先にも述べた通り，人は誰一人同

じではないのであるから、保育にはマニュアルがない。子どもの姿（発達や環境そして学び）にふさわしい実践というものはあるが、これこそが唯一無二であるという特定な実践はない。保育実践では常に新しい発見があり、探求課題がある。そしてそれこそが、保育の醍醐味であると考える。保育は難しいが楽しく、保育者は常に発見と成長を遂げる存在である。その意味で、保育者には子どもとの相互作用の中で成長していく力が望まれる。保育者の成長力にはまず、自らの実践についてふり返り、評価する力が必要である。次に、その評価に基づいて自らの課題を自らで見つけ解決する力、実践への工夫を施す力が必要となる。後者については、子どもとともに探求し、意欲的に学び続ける姿勢と、実際に学び続けることにより力量をつけることが期待される。

このように考えると、保育者の専門性はある特定の知識と技術の習得により身につくもののみではなく、さらにそれに磨きを加え伸ばしていくものであることがわかる。よって、保育実践は生涯学習につながるものでもあり、保育を一生の仕事として認識する必要がある。保育者には、広く深い学びと経験に裏づけされた子ども理解の力、科学的根拠に基づく保育実践（計画、実践、評価）をつくる力が必要であり、日々の保育の評価・省察に基づき、さらに保育者一人ひとりが学び続けて専門性を高めることが、これまでにも増して必要とされている。

2節 科学的根拠に基づく実践
——専門性の向上を図るために

医療の分野をスタートとし、人と接する専門職の分野で、「根拠に基づいた実践」の必要性が指摘されて久しいが、保育の領域においても昨今、その実践が科学的根拠に基づく判断によるものであることの重要性が指摘されている（Buysse & Wesley, 2006; Groark et al., 2006; Tricia, 2007）。

昨今、脳科学、心理学、社会経済学、保育方法学、保育政策学の知見から科学的に明らかにされつつある望ましい保育と、実際の保育にギャップがあることが問題とされている。実践の質の向上を図るためには、最新の研究の成果を踏まえた保育実践の根拠を学び、保育者の実践にはその根拠づけの支えとなる知識基盤をしっかり持つことが重要である。実践知（経験知）を暗黙知として、

放置するのではなく，掘り起こし，必要な時に実践知を活用したり発揮できるようにすることが望まれる。

　実践を支える科学的根拠とは，何であろうか。この根拠とは，保育者が子どもの理解，実践計画，実際の子どもの援助といった場面で，自らが下すそれぞれの判断の根拠となるものである。科学的根拠に基づく実践とは，マニュアルでも，望ましい保育事例集でも，ある特定の保育者による特定の実践事例（神業のように素晴らしいものなど）を列挙したものでもない。昨今の保育に関わる研究成果に基づく知識と技術，保育の基準等を活用して，保育者が子どもとの相互作用の中で創造する保育である。保育者の実践を支える力は，子どもたちの状況と既存の知識技術を照らし合わせて，実践をつくる力であり，これは知識・技術の十分な蓄積と，さらにはそれを活用する想像力・思考力にあるといえよう。

　この実践を支える力は，体験的に習得される面も多いが，単に経験を積み重ねるだけで身につくものでもない。課題意識を持って保育実践体験を積み重ねて経験知を蓄積し，かつ実践を反省し，自らがさらに探求し続けることによって身につくものである。実践を支える力は，養成校ではその構造を学び，姿勢を培い，学習の継続方法を学び，現場に出てからさらに蓄積していくものであると考える。

　人と接する専門職の分野では，学習，決断，反省，というサイクルをくり返すことによって，実践的な力量を形成し向上させていくことが指摘されてい

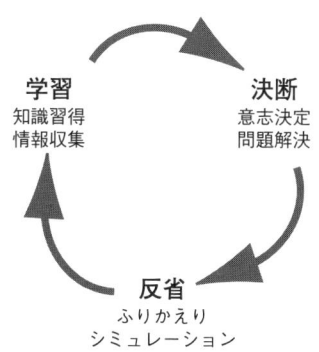

■ 図1-3　実践を支える力（北野・立石，2006, p.190）

る（Schön, 1984）。保育者にとってもこれは同様である（図1-3）。

　保育現場は責任のある決断の連続である。事故を回避するためのとっさの決断や，明日の保育を構想するための熟慮した決断，子どもどうしのいざこざ場面での冷静な決断，遊びが盛り上がるように実際に動きながらのアクティブな決断など。加えて，子どもの生活現実や家庭の価値観が多様化する今日，さまざまな情報が飛び交う昨今，保育者は実践においてどのような知識や技術が必要であるかを選ぶという決断や，どのような知識や技術を新たに身につける必要があるかを選定するという決断も迫られている。つまり，子どもとの相互作用の中で，保育者には継続して，自らが保育の方法と技術を工夫し，培うことが望まれる。そのためには，どのような新しい知識や技術，情報を習得すればよいかを考える手段として，自らの実践を省察し，それに伴う課題設定が不可欠である。

　省察に必要な方法と技術として，第一に記録が挙げられる。あらゆる専門職に記録が存在するが，活用できる記録の方法と技術と，記録を活用する方法と技術が保育者の成長には不可欠である。そもそも教育課程は，すでに行なった実践から得られた課題をもとに組み立てるものである。感想にとどまる記録ではなく，業務記録として事実と感想を明確に分け，あらかじめ計画時点で考えていた評価の観点と照らし合わせたものであることが望ましい。

　それでは，保育の質の向上を図るための生涯学習としての保育者の決断，反省，学習に必要な指針や記録方法，実際の援助場面において必要となる方法と技術とはいったいどのようなものであろうか。その具体的内容を次章以降で概説していく。

2章 教育課程の基礎

1節 幼稚園教育要領・保育所保育指針とは何か

1. 幼稚園教育要領と保育所保育指針

わが国の幼児教育・保育は，幼稚園と保育所という，主にこの２つの制度に支えられている。現行の制度では，幼稚園は文部科学省が所管する学校であるのに対し，保育所は厚生労働省が所管する児童福祉施設である。設置の目的，対象となる子どもの年齢なども，幼稚園の場合は学校教育法，保育所の場合は児童福祉法に定められており，それぞれ拠って立つ法律が異なっている。

教育課程に関しても，同様に違いがある。幼稚園では幼稚園教育要領，保育所では保育所保育指針に則って，それぞれ幼稚園では「教育課程」，保育所では「保育課程」と呼ばれる幼児教育・保育の全体計画や，より具体的な「指導計画」が作成されることになる。

幼稚園教育要領とは，幼稚園の教育課程その他の保育内容の基準として，文部科学大臣が公示するもの（学校教育法第25条,学校教育法施行規則第38条）であり，法的な拘束力を持つ。学校教育法第22条に定められた幼稚園の目的，すなわち「幼稚園は義務教育及びその後の教育の基礎を培うものとして，幼児を保育し，幼児の健やかな成長発達のために適当な環境を与えて，その心身の発達を助長すること」を達成するために定められた基準である。

一方，保育所保育指針とは，保育所における保育の内容に関する事項及びこれに関連する運営に関する事項を定めたもの（児童福祉施設最低基準第35条）である。今回の改定では，厚生労働大臣が定める「告示」となり，すべての保育所が遵守すべき最低基準としての性格が明確化された。保育の質を向上さ

■ 表2-1 幼稚園教育要領と保育所保育指針の構成（もくじ）

新　幼稚園教育要領（平成20年）	新　保育所保育指針（平成20年）
第1章　総則 　第1　幼稚園教育の基本 　第2　教育課程の編成 　第3　教育課程に係る教育時間の終了後等に行う教育活動など 第2章　ねらい及び内容 　健康　人間関係　環境　言葉　表現 第3章　指導計画及び教育課程に係る教育時間の終了後等に行う教育活動などの留意事項 　第1　指導計画作成にあたっての留意事項 　第2　教育課程に係る教育時間の終了後等に行う教育活動などの留意事項	第1章　総則 第2章　子どもの発達 第3章　保育の内容 第4章　保育の計画及び評価 第5章　健康及び安全 第6章　保護者に対する支援 第7章　職員の資質向上

るための各保育所の創意工夫や取り組みを促す観点から，内容が大綱化された。さらに，保育所保育指針の内容が広く保育現場に浸透し，その趣旨が理解されるよう「保育所保育指針解説書」が作成されている。

　1998（平成20）年にともに改訂・改定された幼稚園教育要領と保育所保育指針は表2-1のような構成（もくじ）になっている。

2. 幼稚園教育要領・保育所保育指針の改訂・改定のポイント

　新しい幼稚園教育要領と保育所保育指針は，子どもや保護者を取り巻く環境の変化や社会の要請を受け，幼児教育・保育がより充実してなされるよう，内容が整備された。それぞれの改訂・改定のポイントには共通する部分もあるが，ここでは，個別に概観する。

(1) 幼稚園教育要領改訂のポイント

　今回の幼稚園教育要領改訂のポイントは，次の3点に整理される（民秋編，2008）。

　第一に，「発達や学びの連続性を踏まえた幼稚園教育の充実」である。これは，幼稚園教育と小学校教育との円滑な接続を目指したもので，幼稚園が義務教育

およびその後の教育の基礎を培うものであることが明記された。また，五領域の内容にも新たな項目が加わり，幼稚園教育がより充実して行なわれるよう図られている。第二に，「幼稚園生活と家庭生活の連続性を踏まえた幼児期の教育の充実」である。保護者との情報交換や，保護者と幼児との活動の機会を設けることなどを通して，家庭との連携を図り，保護者に幼児教育の理解が深まるよう支援していくことが求められている。第三に，「子育て支援と預かり保育の充実」である。「第3章第2 教育課程に係る教育時間の終了後等に行う教育活動などの留意事項」では，地域における幼児期の教育センターとしての役割や預かり保育の計画作成など，具体的な活動が明記されている。

　子どもや親を取り巻く環境の変化に伴って，家庭・地域での教育力・子育て力の低下が指摘される中，幼稚園等が中核になって幼児教育を充実させていくことが求められている。

(2) 保育所保育指針改定のポイント

「保育所保育指針解説書 序章 3 改定の要点」によると，今回の保育所保育指針改定のポイントは，次の4点に整理される。

- 保育所の役割の明確化
　養護と教育を一体に行なうことを特性とすることに加え，保護者に対する支援を行なうことが明記された。
- 保育内容の改善
　発達過程の把握による子ども理解とそれに基づく保育が実施されるよう，子どもの発達の道筋が明記されている。また，食育の推進など，健康・安全のための体制が充実されるよう規定している。さらに，子どもの生活や発達の連続性を踏まえ，小学校との連携に積極的に取り組むよう奨励されている。
- 保護者支援
　独立した章が設けられ，保護者に対する支援が保育士の業務として明確化された。
- 保育の質を高める仕組みの明確化
　より充実した保育実践が行なわれるよう，これまでの「保育計画」を「保育課程」と改めて規定している。また，質の高い保育が展開されるために，

職員の資質向上や専門性の向上を図るよう明記された。

今回の改定では,保育指針の根拠法令や幼稚園教育要領等との整合性がこれまで以上に図られたことも特徴である。子どもの最善の利益のために,保育所が果たすべき社会的責任は大きくなってきている。保育所保育の特性を活かした質の高い保育実践が行なわれるための保育内容の充実や保育士の専門性の向上が期待されている。

3. 教育課程と保育課程

実際の保育現場では,教育課程・保育課程と呼ばれる全体的な計画のもとに,個々の指導計画がなされ,日々の実践が行なわれている。

幼稚園においては,学校教育法第23条に規定されている幼稚園教育の目標を達成するために,「教育基本法及び学校教育法その他の法令並びにこの幼稚園教育要領の示すところに従い,創意工夫を生かし,幼児の心身の発達と幼稚園及び地域の実態に即応した適切な教育課程を編成するもの」(幼稚園教育要領) としている。

一方,保育所においては,保育所保育指針第1章(総則)に示された保育の目標を達成するために,「保育の基本となる『保育課程』を編成するとともに,これを具体化した『指導計画』を作成しなければならない」(保育所保育指針)としている。新しい保育所保育指針では,「保育課程」と「指導計画」を合わせて「保育の計画」とし,それぞれについて詳細に解説している。

保育における計画の立案に関しては,①正しい子ども観・保育観に立脚する,②園生活の発展を考える,③子どもの実態をとらえる,④地域の特性をとらえる,⑤個人差を重視する,といった点を踏まえる必要がある(森上・安部,2006)。そのうえで,教育課程・保育課程を編成する際には,保育期間の設定,ねらいの具体化などを行ない,ねらいを達成するために,具体的にどのような経験や活動を取り入れるのかといった,より具体的な指導計画への見通しを立てていく(森上・安部,2006)。

指導計画は長期と短期に分けられ,前者は「年間指導計画」「月案(月間計画)」「期の計画」,後者は「週案」「日案(一日の指導計画)」などとなっている。形式はそれぞれの幼稚園・保育所・市町村等によって異なるが,それぞれの保育

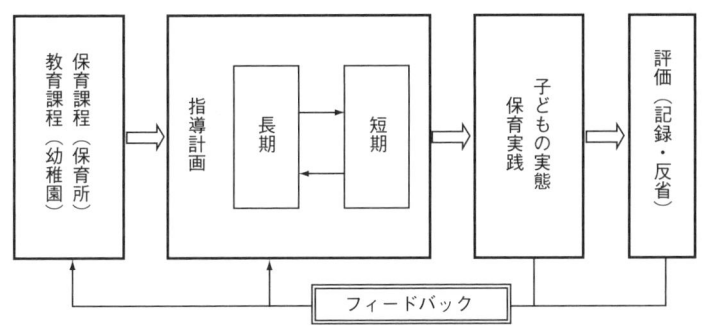

■ 図2-1　教育課程に基づく計画・実践・評価の流れ

の特徴などに応じて，創意工夫されている。

　教育課程・保育課程および指導計画は，計画的に保育を進めるために編成されるのであるが，計画した内容をすべて実施することが目的ではない。子どもの発達の見通しを持ちながら，保育実践が深まるよう，評価・改善を行ないつつ，日々の保育にフィードバックさせていくという姿勢が重要である（図2-1を参照）。

　幼稚園教育要領・保育所保育指針に示されている子どもの発達過程や保育の内容に基づきながら，各幼稚園・保育所の子どもの実態・地域の実態に合わせた保育活動が展開されるよう，教育課程が編成される。教育課程は子どもの豊かな生活や発達の保障のために必要不可欠なものである。今回の改訂・改定では，この教育課程編成の充実が1つのねらいとなっている。これにより，さらなる各幼稚園・保育所の保育者の創意工夫と保育内容の充実が期待されるであろう。

2節　指導案
——概要，作成・活用の方法と技術

1. 指導案立案までのプロセス

　指導案とは，毎日の保育を通して子どもたちの発達していく姿を支えるものである。保育者があらかじめ指導案を立案し，保育を計画することの役割に対して秋田（1999）は，「計画とは，発達に必要な経験をするための活動を保証

する地図を作ることである。教師側が何の地図も作らず，子どもの思うままに放っておいたのでは，幼児はさまよいさすらうだけである。また，教師も地図をもたなければ，その子どもの発達の位置づけや動きの意味をとらえることはできない。地図によって近道をいくことを教師が方向づけるのではなく，子どもに道を自ら選ばせ自分の足で十分歩き，共に楽しみながらも，行く方向性と出会うべき経験を見失わないことである」と述べている。さらに，「計画の出発点は，幼児の実態とその実態を取り巻く状況をとらえた『発達の理解』である」と指摘している（秋田，1999）。

　指導案には，大きく分けて，年間，期ごと，月間の長期的な指導計画と週や日といった短期的な指導計画を立てる際に立案するものがある（図2-2）。まず，保育所や幼稚園で目指す保育の目標があり，その目標を達成するために，その地域の実態や子ども，家庭の状況を踏まえて幼稚園では教育課程を，保育所では保育課程を立てる。教育課程・保育課程は，日々の保育を実践するまでの基礎となるものである。したがって，それぞれの計画は，独立しているものではなく，常に見直しながら，より子どもの発達過程を支えられるものにしていくのである。そして，教育課程・保育課程は，子どもの発達過程や地域の実態，子どもや家庭の状況，保育時間をもとに立案していく。さらに，生活の連続性や季節の変化を考慮して，それぞれ年間→期間→月間とより詳細な指導計画を立案していくのである。そして，子どもの実態に即した具体的な保育に関わる計画が短期的な指導計画であり，そのうち日々の保育を進める際に保育者が立案するものに週の指導計画である週案，一日の指導計画である日案がある。

2．指導案の作成（日案）
(1) 日案の視点

　実際に保育実践を行なうにあたり，指導案を立案したうえで，保育実践を行なうところに，保育の専門性がある。日々の実践を行なうにあたっての短期的な指導計画で，最も保育者が立案する機会が多く，しかも子どもの姿に即したものといえば日の指導計画（日案）である（表2-2）。日案を作成する視点について，森元（1996）は，次のように示している。①日案は指導計画の一つであるが，一人ひとりの子どもに充実した楽しい生活を過ごさせることができるよ

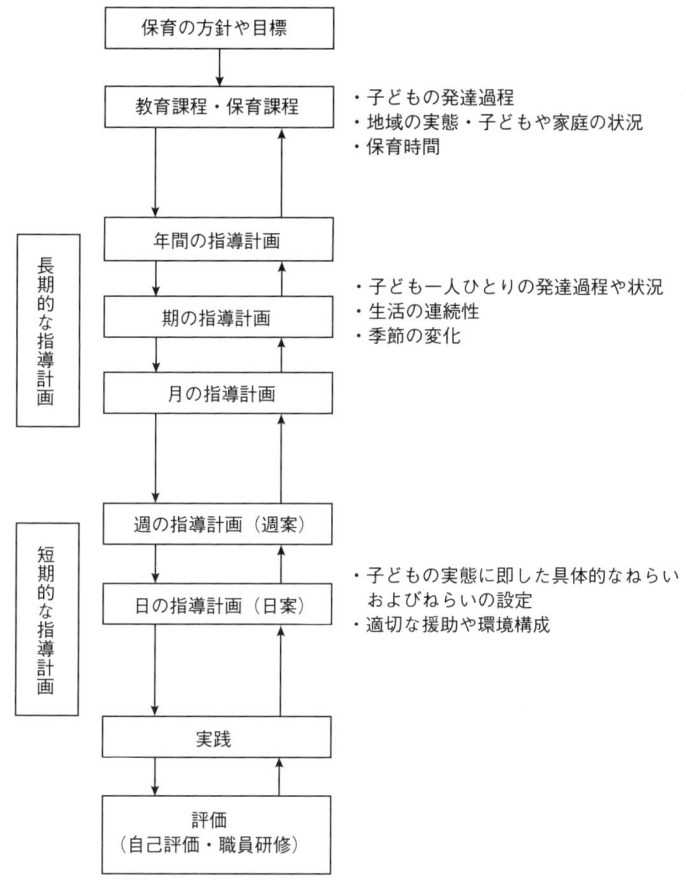

図 2-2　保育の中での指導案の位置づけ

うな計画を考える。②今日一日の指導は，一人ひとりの子どもにとってどのような意味があり，何を身につけさせようと意図しているのかを明確にしておく。この2点を念頭におきながら日案の作成を行なわなければならない。

　日案には，子どもの姿，ねらい，その日の遊びや生活の流れ，事後の評価の4つの視点があることが一般的である。子どもの姿は，その日に行なう生活や遊びについて，子どもが今どのような状態であるか，つまづきも含めて示すものである。子どもの姿に記述される子どもの発達の様子からクラスの状態が把

第 1 部　教育保育の方法と技術の基礎〈理論基礎編〉

■ 表 2-2　資料：4 歳児指導案（日案）

11月○○日　○曜日		○○組　4歳児	検印	担任印
子どもの姿	・散歩中に見つけたどんぐりや木の実を集めて「ケーキの飾りにしたらいいな」など自分たちで集めた物を取り入れた遊びを考えている。 ・「お金もってお菓子買ったよ」と、体験したことを友達と話し、ままごとから少しずつ社会生活の再現遊びに興味をもっている。		ねらい	・自然（どんぐり、木の実、落ち葉）を取り入れた遊びを楽しむ。 ・想像遊びを通して社会に興味をもつ。

時間	環境構成	予想される子どもの活動	保育者の援助・配慮
10：20	・自分たちで集めた木の実 ・製作シート ・紙粘土 　・紙粘土、ヘラ ・作品を入れるケース ・店員の衣装 ・物（エプロン、袋、看板、お金） ・客（お金、財布） ・必要と思われる物 　・キリ 　・つまようじ 　・画用紙 　・ボンド	◎パン屋さんごっこをする。 ・パンを作る（紙粘土） 　・紙粘土で作ったパンに自然物を取り入れて「○○なものもある」と立体的に表現する。 ・店員、客に分かれてのやりとりを楽しむ。 ・会話のやりとりを楽しむ。 ・お金の支払いのやりとりをする。 ・自分たちが作った作品を買ってもらい喜ぶ。 ・自然物を取り入れて他の遊びを考える。	・作っている時には、保育者は余計な言葉かけを控え、見守ることで一人ひとりが集中して自分の世界が楽しめるようにする。 ・一人ひとりの思いを受け止めると同時になるべく子どもたちどうしでの解決になるよう見守っていく。 ・保育者が仲立ちとなり、自分の思いを友だちに伝えて行くことができるようにする。 ・想像しながら役になりきっている子どもたちと一緒に、保育者も同じ気持ちで遊ぶことによりそれぞれの役の会話でのコミュニケーションを楽しみ、遊びの経験を共有する。 ・お金のやりとりをすることで社会への関心を広げていく。 ・自分たちで作ったお金でのやりとりを通して、数に興味をもつ。 ・どの作品も友だちどうしで売ったり買ったりすることにより認め合い作った満足が味わえるようにする。 ・自然物を使った一つの遊び方として必要なものを用意したり自分たちで工夫して作る姿を見守ったり、そこからの子どもたちの声を取り入れて遊びを広げていくことができるようにする。
11：25		◎片付ける。	・進んで片づける子を認めていき、他の子へも刺激となり"頼られる自分"という気持ちで、集団の中での役割が果たせるようにする。 ・友だちどうしで伝え合うことで、お互いに一緒にしようという協力することや仲間意識の気持ちを育てていく。
評価及び反省			

握できるようにしていくものである。

　そして，その子どもの姿を中心におき，子どもは何を楽しみにその活動に取り組むことができるか，何を実現したいのかを探りつつ，ねらいを導き出していく。このねらいは，言い換えれば日々の保育を支える保育者の願いを込めたものともいうことができる。立案しようとする生活や遊びを経験することで，子どもにどのような思いを感じてほしいか，また，将来につながるどのような姿を経験してほしいかという保育者の強い願いがなければ，ただの時間つぶしの活動に終わってしまう危険性がある。保育者の作成する日案というのは，子どもの姿のとらえ方とねらいの方向性をどうみるかという保育者自身の保育観で価値が決まるのである。

(2) 子どもの生活の流れ

　日案における子どもの生活の流れは，人的・物的環境づくりへの配慮について記入する「環境構成」と，「予想される子どもの活動」，それに対する「保育者の援助・配慮」を時間軸にそって構成していくものである。

　「環境構成」とは，活動に必要と思われる準備物や人や物の配置だけでなく，子どもたちが活動しやすいような物的，心理的な環境を含めて整えておくことである。子どもたちの人数と比較して物の数の過不足があったり，動線の予測が不十分で子どもたちの活動に支障をきたしたりすることのないよう配慮が必要となる。

　「予想される子どもの活動」については，ねらいを達成するための具体的な子どもの姿を予想するものであり，予想される活動の持続時間や活動の広がりなどを考慮して，出現するであろう活動ごとに示していくものである。保育活動の主役は子どもたちであり，その子どもたちがどのような姿をみせるかを予想することは，毎日の子どもたちの思いを把握していることが不可欠となる。日頃の子どもたちの様子から，活動に際して，「こんなことができそうだ」「この活動を入れると，こんな姿が見えてくるだろう」と，子どもたちの姿を楽しみにできるような活動を設定したいものである。

　「保育者の援助・配慮」とは，設定したねらいを達成するために，子どもたちの活動に対して具体的にどのような配慮や援助が必要か，また，指導上留意すべき事柄について，保育者の視点で示されるものである。「遊びが楽しめる

ようにする」「～と，やさしく声かけをする」といった保育者の姿勢が示されることが多い。長谷川（2007）は，保育実践の助言の中で，「～を，しっかり受け止めるようにする」「やさしく～する」といった保育者の配慮について，どのように受け止めることが「しっかり受け止める」ことになるのか，あるいは，どのように対応することが「やさしい」ことなのかを具体的に示すことの必要性を指摘している。保育者の援助・配慮を通して，目の前の子どもたちに対する保育者の思いを具体的に示すことで，子どもの状態や課題が把握でき，その保育者の子どもを見守るまなざしが感じられるものであってほしい。

(3) 評価・反省

　保育実践は，指導案を作成し，実践を行なうまでが保育実践ではなく，実践後に自らの保育をふり返ることを含めて保育実践といえる（図2-2参照）。反省というと，できなかったことを列挙するイメージがあるが，そうではなく，できたと感じることについてはどの点がよい結果をもたらしたか，逆にうまく進まなかったと感じる点については，その原因は何か，どのようにすればよかったのか改善点を探るといったことを省察することにより，次の保育実践がよりよいものとなっていくのである。北野（2006）は，反省の仕方に関わる専門的知識，技術とは何なのか，そしてそれを支えるシステムの構築が大切だと述べている。さらに，専門技術としての反省的な記録の書き方に関する研修の必要性を指摘している。

　自らの保育をふり返る意味での評価の観点としては，次のことが考えられる（森元，1996）。

・具体的なねらいは適切であったか。
・環境構成はねらいにふさわしいものであったか。
・子どもが主体的に活動し，その活動を通して必要な経験を得ているか。
・保育者の援助は，適切であったか。
・偶発的な事象をいかに活かしたか。

　自己評価・反省は，自らの保育実践をふり返るだけでなく，職員間の意見交換を取り入れることで，客観的な視点を取り入れることもできる。個人で，または園内で実践を日案や週案でふり返ることで，子どもの発達を支援する一助となっていくのである。

3. まとめ

　前回の改訂で加えられた「幼児の実態及び幼児を取り巻く状況の変化などに即して指導の過程についての反省や評価を適切に行い，常に指導計画の改善を図ること（指導計画の作成に当たっての留意事項）」という一文は，指導案の作成に際して，必要な視点が示されている。この一文について，秋田（1999）は，「計画の出発点は，幼児の実態とその実態を取り巻く状況をとらえた『発達の理解』である」と指摘している。すなわち，教育課程・保育課程の内容からどのように個々の活動を具体化するかという視点ではなく，実際に受け持つ，子ども一人ひとりの実情と発達の過程をにらんだ視点から計画することが強調されているのである。さらに，秋田（1999）は，「発達の理解」が具体的な環境構成のうえで重要であることについて，幼稚園教育要領の示唆するところに，「子ども一人一人の発達の姿の実情を理解する発達理解」と，「教育課程の内容全体を見通し，発達の時期にふさわしい生活ができるよう，発達の実態を理解する」という2つの方向性があることを指摘している。個人の実情と発達の過程，集団としての学級や学年の実態としての発達の過程の理解，そしてその理解を支えるものとして，幼児期それぞれの時期における発達過程の一般的な特徴の理解が必要なのである。それらの理解をもとに活動の予想をし，長期的・短期的に環境を構成するのである。

　確かに，指導計画は，子ども一人ひとりの発達を想定しながら，「今現在できていること」を中心に立案していくと同時に，そこには，教育課程の全体像の中で，どの時期にどのような内容を計画していくことが，これからの発達をより促すことにつながるかという視点を持っているものである。

　ここでの子どもの実態は，ある固有の環境・状況の中で現われたものであり，違った状況・環境の構成の中では違った発達の姿がみられる可能性のあることを自覚しておかなければならない。したがって，子どもの実態としての発達理解と環境を構成する教師の指導のあり方といった，子どもの発達の姿と教師のあり方との両面から保育をとらえて省察し，再び計画を柔軟に生み出す役割を担うのである。保育は一人ひとりの子どもの発達を促す営みであるので，子どもの生活する姿をとらえることが出発点となり，その姿勢をどのようにとらえるかによって保育の方向が決まってくる。つまり，適切な指導計画を作成する

第1部　教育保育の方法と技術の基礎〈理論基礎編〉

ために,「幼児の具体的な生活する姿をどのようにしてとらえ,指導計画にどのようにつなげていくかを理解すること」が大切である。つまり,子どもの姿を理解することが強調されるのもうなずけるであろう。神長（2000）の言葉を借りれば,「計画的な環境の構成は,幼児理解から生まれる」のである。

※社会福祉法人興福会黒崎保育園には,倉敷市保育協議会主催公開保育（2007. 11. 13, 14）の資料並びに保育実践記録を提供していただきました。ご協力に感謝いたします。

3節　実習日誌
——概要,作成,活用の方法と技術

1. 実習日誌とは

いわゆる実習（ここでいう実習とは,幼稚園,保育所,施設など各種すべて）を行なう場合,必ず書く必要のあるものの1つが,実習日誌である。就職してからも日誌や記録などといった書き物は多いが,学生の頃の実習日誌ほど,詳細に書き,かつ,採点されるものはないだろう。実習を経験した先輩に尋ねると,実習日誌で苦労した経験談をたくさん聞く。逆に養成校の教員からは,「実習日誌は実習の宝」であり,成果であると言われている。では,実習における実習日誌とはいったいどのようなものなのか。どのように作成し,どのような意義を持っているのだろうか。本節では,これがテーマである。

一概に実習といっても,その状況を踏まえると,いくつかのレベルに分かれる。まず実習対象施設全体についてよく知るという見学実習。個々のクラスの中に入り,子どもたちの活動を知るという観察実習。その後,保育者として,保育に補助的役割で参加していく参加実習を経て,実習生自らが中心となって,保育を行なう責任実習（部分／全体実習）がある。多くの場合は,見学→観察→参加→責任実習という流れで実習が進んでいく。その中で,最初は保育室の壁際に寄り,保育の場面を観察しながら,眼前の出来事を書きとめていくという観察者としての日誌を作成していく。その後の参加実習や責任実習では,覚え書き程度にメモを取りながら,保育を行ない,終了後,その日の保育を思い出しながら日誌を記していく。そうして,日々記された記録は担任や主任の先生がチェックし,誤字脱字はもとより子どもの様子の解釈に至るまで,修正されるのである。この日々の記録の積み重ねが,実習日誌であり,保育者になる

過程で欠かすことのできない重要な活動である。

2. 実習日誌の書き方

次に実習日誌の具体的な実例を見ていこう。実習日誌の形式は，養成校や実習先の園によって異なるが，一番オーソドックスなものとして，図2-3のような形式が挙げられる。

ここでは，項目ごとに記入する際のポイントを解説しておこう。なお，園によっては形式や視点が異なるので注意が必要である。[*1]

①基本的情報

実習者氏名，日にち，天候，人数などを記入しておく。その日の日誌の基本的な情報となる。

②時間

何時からどのような活動が始まったのか，それが何分程度続いたのかを記録しておく。漠然と時間だけを記入するのではなく，たとえば，どれくらい子どもの遊びが集中して続いていたのか，担任の保育者がその活動に，どれくらいの時間を使用したのかなど，右の情報（以下の③〜⑤）と対応して記入することが必要である。

③環境構成

多くの場合，図で書き記す。俯瞰図で書き，保育者が子どもの遊びを展開するためにどのような環境を用意したのか，集団活動の際に，子どもたちがどのように集まったのか，その後，どのように移動したかなどを記録しておく。

④子どもの活動

③で描かれた環境の中で，子どもたちはどのような活動を行なったのかを記しておく。その際には，多くの子どもたちの行動だけではなく，目の届きにくい少数の子どもたちの活動も記載しておく必要がある。

⑤保育者の援助

環境構成の中で保育者はどのような援助を行ないながら，子どもの遊びを展開しているのか，個々の子どもに，また，全体に対してどのような援助を

---

*1 たとえば，図2-3のような時間軸に沿ったものではなく，俯瞰図の形式で日誌をとる園もある。どのような記録の形式があり，その目的が何であるのかは，河邉（2005）などが参考になる。

第1部　教育保育の方法と技術の基礎〈理論基礎編〉

指導者検印		①	月　　日　　曜日　　天候	
本日のねらい				
時間	環境構成		子どもの活動	保育者の援助
②	③		④	⑤
反省・気づき	⑥			
コメント	⑦			

■ 図2-3　実習日誌の一般的な書式（岡山県保育士養成協議会作成のものに修正を加えた）

行なっているのかなど，保育者の援助行為を中心に記録していく。

⑥一日の反省・気づき

　単に「おもしろかった」「できた／できなかった」という感想にとどまることなく，なぜおもしろいと感じたのか，なぜできた（できなかったのか）という保育者自らの行為に対する解釈や，子どもたちの活動の読み取りを加えていくことが必要である。

⑦コメント

　ここは実習生が記すのではなく，日誌の記録や反省・気づきに対して，熟達した保育者から見た読み取りや解釈を主任や担任保育者が記して，実習生へと返却する。反省・気づきがひとりよがりになっていないか，肯定的（否定的）になりすぎていないか，実習生の記録とは異なる子どもの読み取りが

あるのではないか，など，ベテラン保育者の視点からコメントされているため，実習生にとって重要な欄となる。

3. 実習日誌の活用法

実習を終えた先輩の学生に話を聞くと，実習日誌は「書くのが大変だった」という返事が返ってくるだろう。このように苦心惨憺して書いてきた実習日誌の意義とは何だろうか。実習の中で，実習日誌を通して，いったい何を「学ぶ」のだろうか。以下，4つの視点からまとめよう。

(1)「ふり返る」ことの重要性

実習の中で，子どもと関わる保育の一日はめまぐるしく過ぎ去っていく。保育実習（保育所）での20日間，あるいは幼稚園実習での4週間は，始まってみれば，瞬く間に終わってしまう。明日の準備に追われ，もしかすると，一緒に遊ぶことができなかった子どものことを思い出す余裕はないかもしれない。しかし，保育という営みは，「ふり返り」の営みである。対人援助を行なう保育者にとって，声かけや環境構成が常に十分であるかと問われれば，そうではないだろう。これは実習生であっても，ベテラン保育者になっても同じである。したがって，うまくいかなかった援助や環境構成が，なぜうまくいかなかったのかを立ち止まって考えなければならない。また，うまくいった援助についても，本当にその関わり方でよかったのか，別の方法はなかったのかについて考えなければならない。なぜなら，こうして考えることが，次の保育の場面での関わり方の多様性を引き出すことへとつながるからである。

実習日誌を書くことで，一日の保育を思い出し，その他の可能性を考慮することが保育の専門性を高める基礎になる。

(2) 保育の円環構造における日誌の役割

保育は，図2-4にあるように，保育計画から実践，実践から記録・反省，そして記録から次の日の保育計画へとつながるという円環構造となっている。

保育計画は単に保育者の行ないたい活動を計画するのではない。それまでの子どもの姿や活動を土台として，次の日の計画を作成するのである。だが，実習を経験していない学生にとっては，前日までの子どもの姿から次の日の保育計画へとはなかなか結びつきにくい。このつながりを実体験できるのが，実習

第1部　教育保育の方法と技術の基礎〈理論基礎編〉

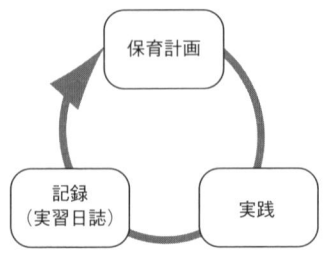

■ 図2-4　保育の円環構造

という実践現場の中である。たとえば実習生は，実習日誌を記入することでとらえた子どもの姿に対して，担任保育者が同じ子どもの姿をどうとらえ，次の日にどのような環境を準備したかを目のあたりにすることができるのである。

(3) 理論と実践の往還的関係を学ぶ

養成校で学生は，実習に至るまでに多くの教科を学ぶ。その中では，たとえば，発達心理学で子どもの発達の過程を，保育原理で遊具の意義などを学んできているだろう。しかしながら，それらはいわばテキスト上の知識（理論）であり，現実感覚とはまだ結びついていない。実習の中で，じかに子どもたちと接すること（実践）で初めて，理論と実践の両者が結びつくのである。

また，実践現場の中で，ベテラン保育者が行なう援助を見ることで，この場面ではこうするという一般化された知識・技術を習得することもある。

だが，これだけでは，「理論→実践」「実践→理論」という一方向の関係である。単に理論を身につけることだけや，実践現場の中での経験知を持つことだけでは，保育者としては不十分である。養成校卒業後，長い保育者というキャリアの中で，さまざまな問題やとまどいに直面するだろう。それを乗り越えていくためには，書物などから得られる理論と，実践現場の中で得られる実践知とを相互に参照し合いながら，よりよい保育を目指していなければならない。これが理論と実践の往還的関係である。実習生は，実習日誌を通して，「理論と実践が往還的関係にあること」を学ばなければならない。

(4) 第三者による評価（同僚性）

保育においては「ふり返ること」が重要な行為であると前述した。しかし，ただ単に自分だけでふり返るよりも，そこに他者の視点が存在すれば，自らの

気づき得なかった事柄を知ることができる。実習日誌において，日々の記録に担任や主任保育者のコメントがあるのは，実習生だけでは気づかない保育への見方を伝えるためである。

また，実習中に，日誌をもとに同じ実習生や保育者と話し合う機会が設けられるだろう。そこは，いわば1つの保育事例をもとにさまざまな立場の保育者が話し合うというカンファレンスの場である。実習生は，ここで保育者という専門家として，保育を語り，語られるという経験をする。これが専門家としての同僚性を身につける礎えになる。その話し合いの材料となるものが実習日誌なのである。日誌に描かれたその日の出来事を語り合うことが，保育を多様な視点で読み取っていく技術を培うのである。

学生は養成校で多様な教科目を学ぶが，実習はその資格・免許を付与されるうえでの集大成として位置づけられる。その実習の中での学びのコアとなり，学びを保証するものこそが，実習日誌であり，実習日誌が「宝」として大事にされるゆえんなのである。

4節 事後記録
——概要，作成・活用の方法と技術

1. 事後記録の目的
(1) 事後記録とは何か

毎日の保育の中で子どもは，自分らしさを発揮しながら，楽しく園生活を過ごしているのだろうか。子どものいきいきとした暮らしを支えるために，保育者として，どのような援助が考えられるだろうか。一日の保育が終わった時に，今日の自分の援助や言葉かけなどをふり返ってみる。このように保育者は日々，自らを自問自答するのであり，こうした行為の蓄積が実践力の向上に寄与することはいうまでもない。

事後記録とは，一日の子どもの様子や，保育者としての自分の関わりなどを記録として記したものであり，そこには子どものいきいきとした暮らしを支え，自らの実践力の促進につながる有益な情報源が数多く埋め込まれている。保育者は事後記録をとることで，子どもの遊びの中に潜在する豊かな活動やさまざまな学びの萌芽，環境構成としての新たな教材の可能性などを発見することが

できる。また，事後記録は，そこに子どもの多様な声を見いだし，保育者相互の語りを交わす道具としても機能する。事後記録は，子どもの発達，子どもの遊びと学び，保育者の学びという3つのストーリーの窓を開くのである（秋田，2004）。

(2) なぜ事後記録なのか

保育実践とは，子どもと保育者がともに織りなしてつくりあげるものであり，保育者が勝手に構想するものではない。ここで言う「子どもと保育者がともにつくる」とは，一人ひとりの子どもの明日の活動について，保育者がどのように予測し，それにどう備えるのかを過去の子どもの行動を鑑みながら構想することであり，この点において保育実践は，そのすべてが子ども理解のうえに成立しているととらえることができる（小川，2000）。

事後記録は，保育者の子ども理解を深めるうえで重要な役割を果たすことになる。子どもの行動を理解するための基盤は，子どもの行動とその行動が生じている状況を観察し，記録する点にあることから（小山，2006），事後記録において保育者は，単に子どもの活動を羅列するだけでなく，「どのような動機で遊びに取り組んでいたか」「環境を通して自発的に活動する姿が見られたか」「どのような課題や目当てを持って取り組んでいたか」「仲間関係の育ちはどうか」などを記録することで，子どもの行為の意味を解釈することができる（今井，1999）。子どもの「今ここ」を理解し，そこから明日の保育を構想する時，事後記録は保育者にとって情報の宝庫となるだろう。

2. 事後記録の作成と活用

(1) 事後記録をどう作成するのか

それではいったい，保育者は，何をどう記録すればよいのだろうか。河邉（2005）によれば，保育者が事後記録をとる際の望ましくない例として，保育において記録をとることの意味を保育者自身が自覚していないこと，そのために記録をとる時の視点を明確に持てないでいることの2つを指摘するとともに，保育者が事後記録をとる際の視点として，次の5点を指摘する。

　①幼児は遊びの何におもしろさを感じているのか。この点について，幼児の行為をもとに2つの視点（遊び課題と仲間関係）から読み取ること。

②幼児は遊びの中で何を経験しているのか。この点について，幼児の経過観察をもとに，遊びの顕在的意味・潜在的意味の両面から読み取ること。
③以上の①②を読み取ったうえで，保育者の幼児に対する「願い」を示すこと。
④保育者の幼児に対する「願い」の根拠となる事実関係について，幼児の行動からていねいに拾うこと。
⑤幼児の行動をとらえたうえで，願いを修正する過程を読み取ること。

　ところで事後記録は，決して保育者が幼児の姿をありのままに（客観的に）書くものではなく，保育者自身の主観や印象に基づく子どもの姿が記されたものにほかならない。保育者は，この点を自覚しておくことも大切であろう。

(2) 事後記録をどう活用するのか

　次に保育者は，事後記録をどのように活用することができるのだろうか。この点について，プロ野球選手の例をヒントに考えてみよう。今日ほとんどの選手が，自らのバッティング・フォームやピッチング・フォームを確認したり，修正したりするために，ビデオカメラによる映像の「記録」を用いている。スランプ克服のために，好調時のビデオの映像と，不振に悩む今の自分の映像を比較しながら，その差異を発見する。つまりプロ野球選手にとって「記録」の活用は，自らの技術を高める不可欠な作業となる。

　保育者も同様であろう。事後記録の活用は，子どもを理解する眼差しを保育者が形成するうえで不可欠な作業であり，したがって事後記録は，保育者にとって自らの実践の「写し鏡」として機能する。保育者が自分の保育を省察し，実践力を高める行為は，事後記録の活用から始まるといっても過言ではないだろう。

　以上の点を踏まえる時，保育者にとって事後記録は，子ども理解を深め，自身の保育をふり返り，明日の保育を構想するデータとなることは想像に難くない。ところが事後記録の活用は，決してこれだけにとどまらない。たとえば，保育者は事後記録を用いて，他の保育者（同僚など）と情報を共有することができるし，園内研修やカンファレンスなど，話し合いの材料とすることもできる。また，保育者は自らの事後記録を，保護者との交流や情報提供に用いることもできる。保護者とコミュニケーションを密にしたり，保護者にしっかり読んでもらえるような「お便り」や「連絡帳」を作成する時，日々の事後記録が

役立つのである。このように事後記録の活用は，実践力の向上はもちろん，他の保育者や保護者との関係性を促す潤滑油としても機能する。

3. 事後記録の分析
(1) 事後記録をどう分析するのか
　以下では，岡田（2005）をもとに，保育者の事後記録の分析に関する事例を紹介しよう。

　【事例】　保育者と3歳児A子（お漏らしをするが，ひとりで着替えることができない）
　　4月入園時からずっとA子の着替えを手伝っていた保育者は，1月のある日，突然「着替えてごらん」と言葉をかけている。A子は自分で着替えることができないのに，なぜ保育者である私は，A子にこの日，この言葉をかけたのか。A子との関わりから無意識に出た，この言葉の背後には，「私の中のA子理解」が変化したことがあるのではないか。だからこそ私は，今までとは違う言葉をかけ，そこからA子との間に新しい関わりが生まれたのではないか。この点を探るために保育者は，日々蓄積していた自らの事後記録をひもとき，その分析を試みたのである。

　事後記録を読み返しながら，自問自答をくり返した保育者は，そこに「私の中のA子理解」の変化を発見した。たとえば，①A子は以前とは異なり，パンツの中に排便すると，気持ち悪いと感じるようになっているのではないか。②そうであればA子は，着替え袋から清潔な衣服を自分で出すことができるかもしれない。③さらに新しい下着であればA子は，自分で着替えることができるかもしれない。④だからこの時私は，A子に対して「着替えてごらん」という言葉をかけたのではないか。このように保育者は，自らが記した事後記録の内容から，その背後に存在する，自分では気づくことのなかったA子に対する自分自身の関わりの変化や，その理由を読み解いている。もちろん保育者は，事後記録の中に，「私の中のA子理解」の変化を文字として明記しているわけではない。そうではなく，以前自らが記した事後記録を分析することで，

無意識（無自覚）の自分を意識化しようとしているのである。このように保育者が事後記録を分析することは，(過去の) 自分と対話することであり，その対話を通して保育者は，自らの保育観や子ども理解を自覚化し，確かなものにしていくことができるのだろう。

(2) 事後記録を用いて「自分で自分を分析する」

　紹介した事例は，事後記録の分析を通して，保育者が自己の中に潜在する意識を顕在化したものであり，自問自答を通して引き出された保育者自身の語りにほかならない。このように「自分で自分を分析する」という行為を（学術的には）オート・エスノグラフィー（Auto-Ethnography）と呼ぶ（Ellis & Bochner, 2000；牛田, 2004）。この理論を保育者に当てはめるとすれば，保育者が自らの保育を見つめ直すために，自分自身を分析対象とし，自己の身体感覚や思考や感情に注意を払うことで，自らの経験を自らの手で理解し直すことであり，それによって保育者は，自分の保育を相対化することができる。

　必ずしも私たち人間は，自分が経験した身体感覚や思考や感情について，きちんとふり返ったり，内省したりしているわけではない。むしろそのような行為は，自らの過去を蒸し返すことでもあるため，精神的苦痛を伴うことにもなりかねない。とはいえ，「自分で自分を分析する」という行為は，保育者としての自分をより深く理解することでもあり，自らの子ども理解のあり方と向き合うことでもある。つまり子どもを理解するために「自己」を用いるのである。「自分で自分を分析する」という行為は，保育者としての実践力の向上と密接な関係にあるのであり，事後記録は，そうした行為を支える強力な道具として機能するといえるだろう。

第 2 部

実践を想定した教育保育の方法と技術
〈実践基礎編〉

3章 好きな遊び場面の援助

1節. 運動遊びと健康づくり

1. 運動遊びの意義と健康

　乳幼児期は基本的な動きを獲得する敏感期である。動きは運動遊びやスポーツにおいて必要なだけでなく，日常場面で行為，とりわけ基本的な生活習慣との関係が大きい。食事や着替え，身だしなみを整えるなどは目と手の協応動作を必ず伴っている。また，自分の体を保持したりコントロールしたりすることにも動きが伴っている。近年，まっすぐに走れない子や段差のないところで転んでしまう子など，保育現場からは子どもの動きのおかしさを指摘する声は多い。自分の体すらコントロールできないようでは，生涯にわたって健康な生活を送ることはできない。このような意味からも動きの獲得の敏感期である乳幼児期に，遊びの中で多様な動きを経験し，身につけることは非常に重要なことである。

　そのうえ，思いきり体を使って遊ぶことで，お腹がすいてご飯を食べる，疲れて寝る，というように運動遊びが生活習慣の形成にも大きく関係している。生活習慣を確立する乳幼児期に運動，食事，睡眠の規則正しいリズムを形成していくことは生涯にわたる健康の土台となる。

2. 子どもがやってみたくなる環境を用意する

　好きな遊びは子どもの興味に基づいて行なわれるため，子どもによってはその内容に偏りやばらつきがみられる。近年，子どもの遊びが変容し，体を使った運動遊びの減少や消失が指摘され，危惧する声も多い。実際，入園までに戸

外遊びをほとんど経験していない子どももみられる。戸外遊びの経験の少ない子どもは、その楽しさやおもしろさを感じた経験もなく、進んで外に出ようとは思わないだろう。また、特に精神的にも不安定な入園当初は、これまでに経験したことのある遊びを行なうことが多くなるのも当然であろう。このような子どもに戸外での体を思いきり使った遊びを経験させるには、どのような援助ができるだろうか。

(1) 多様な動きを引き出す環境を考える

遊具や道具、素材などの環境は、動きを引き出すという性質を持っている。まわりの環境によってさまざまな動きが引き出されることの解釈として、Gibson, J. はアフォーダンス理論を提唱した（佐々木、1994）。歩道にある縁石の上を平均台のように「歩きわたる」とか、チョウを見つければ「追いかける」とか、石があったら「蹴る」「投げる」などは、それぞれの場（環境）がその動きを引き出しているといえる。つまり、ああしなさい、こうしなさいと指示して活動を与えなくても、子どもが自然にそうしたくなってしまう環境、子どもの動きを引き出す環境を準備することで、経験させたい動きが引き出されていくことになる。

動きの獲得は動きの経験による。偏った遊びばかり経験していたのでは偏った動きの経験しかできない。目の前の子どもの活動の実態をとらえ、次の活動を予測し、動きを引き出すという視点から遊びや環境を見直し、環境の構成をしてみる必要もあるだろう。いかに動きを引き出す環境や動きたくなるような環境をつくるかということが環境構成のポイントになる。命令や指示をして活動を押しつけたり、無理にやらせようとしなくても子どもが勝手にやってみたくなる環境がある。

(2) 運動量を確保する環境を考える

安全な遊び場が少なくなっている今、幼稚園や保育所での戸外遊びは子どもにとって貴重な経験といえる。一般的には狭い所よりは広い所のほうがダイナミックな動きが引き出されると考えられるが、園庭が広ければ広いほどよいかというとそうではない。園庭の広さと運動能力との関係では、園庭の広い園よりも中程度の広さの園のほうが子どもの運動能力が高い（森ら、2004）。このことは、子どもにとって遊びやすい適切な広さがあることを示唆している。ま

た同時に，限られた空間での環境の工夫が関係していることが考えられる。広さが必要な活動もあるが，広さ（横方向）に制限があるなら空間（縦方向）への広がりを考えて生かすこともできる。固定遊具での遊びがマンネリ化したならば，そこに何かを組み合わせたり，遊具どうしをつなげることで新たな遊具を作ることもできるだろう。つまり，保育者が環境を工夫することで，限られた環境であっても子どもの動きを引き出し，運動量を確保することは可能なのである。その際に気をつけなければならないことは，子どもたちに遊びのイメージマップができているかどうかである。子どもたちが何かを使いたいと思った時にそれがどこにあるのか，何かをやりたいと思った時にそれがどこでできるのか，そういったイメージがないと子どもたちは安心して遊ぶことはできない。環境を再構成していくことは必要であるが，昨日と今日，朝と帰りなどで環境を変えすぎることは，安全管理の面からも望ましくない。

　一方，狭い場所でも運動量の確保できる遊びはたくさんある。たとえば，子とろ鬼や足踏み鬼などの鬼遊びは，場所はそれほど必要ではないが，手軽でルールも簡単で，かつ運動量も非常に多い。直線を思い切り走らせたいが，場所の制約から難しいこともある。そんな時は曲線のコースや折り返しのコースをつくり距離を長くすることができる。また，このようなコースでは全身のバランスをとったりスピードをコントロールしたりしながら多様な走りが経験できるという点で，運動発達の面からも効果的である。大人の発想で活動を与えてやらせるのではなく，子どもの動きを引き出す環境を考え，子どもが主体的に動き出す工夫をすることこそが保育者の役割であり，保育者にはその力量が問われるのである。

(3) 楽しそうな雰囲気をつくり出す

　遊びの環境を考える際にはいろいろな要素があるが，運動遊びに最も大きな影響を与えるのが，保育者や友だち，クラスや園全体の雰囲気といった人的環境である。年齢が低ければなおさらその影響は大きい。動くことや汚れることを嫌っていたり，保育室での活動を好んで行なう保育者のクラスは，子どもたちも静的な活動が多くなる。これに対し，保育者が率先して園庭へ出て，自分も遊びに参加したり，活発に遊んでいる子に声をかけたりすることによって，多くの子どもがその遊びに参加するようになる。運動を得意だと思っている保

育者のクラスは，運動が苦手だと思っている保育者のクラスよりも子どもの運動能力が高いことが報告されている（杉原ら，2004）。おそらく運動を得意だと思っている保育者は，動くことをおっくうがったり，嫌がったりすることがなく，自然に外に出たり積極的に動いているのに対し，運動に苦手意識のある保育者は，もともと好きではないので動く習慣も少なく，室内での活動や静的な活動が多くなっていることが考えられる。後者は，もしかしたら「運動遊び」を特別な活動としてとらえているのかもしれない。

　園では運動種目を専門的に指導することはない。保育者自身が運動が得意でなくても，子どもの好奇心を刺激するモデルとして率先して外に出て行ったり，おもしろそうなことをやってみたり，子どもたちがやっていることに共感したり，興味を引く行為や楽しそうにすることで，子どもの動きを引き出していくことにつながる。中にはあまり動くことを好まない子どももいる。しかし，クラスや周囲の雰囲気がいつも楽しくおもしろそうな環境であれば，消極的だった子どももしだいに興味を示し，参加するようになってくる。このような運動遊びを楽しむ雰囲気を保育者が率先してつくり出すことが非常に重要である。

3. 運動遊びと保育者の援助

　運動遊びは体を使った遊びであるが，単に活動を与えればよいというものではない。動いていれば活動していると判断しがちであるが，そのような表面的なものではなく，その活動が子どもにとっての「遊び」になっているかどうかという評価をしなければならない。

　子どもがやりたいという気持ちを引き出すためには，それぞれの子どもの取り組みを十分に認めて励ますことである。運動遊びにおいて，既成の運動を押しつけたり，ルールや特定の方法を強制したり，順番や勝ち負けを強調するような指導は，パーソナリティの発達に望ましくない影響を与えることがあるため，注意が必要である。大人の基準ではなく，子ども自身が自分のやりたいことを自分でやりたい方法で行なってみる。そして，安全に個人のペースで試行錯誤しながらくり返す。その過程で上手になっていくという実感を持てるような援助や補助が必要である。励ましたり，ほめたりの言葉がけや，笑いかけたりうなずいたりすることによっても子どもは自分の行為を確認し，肯定感を感

じ，自信を得ていくのである。

2節 音楽遊びと情操教育

1. 子どもと音楽

　就学前の子どもは，本来音楽が大好きである。好きな遊びの中で，ハミングしたり，替え歌を歌ったり，楽器や身のまわりのもので音を鳴らしたりする姿をよく見るが，実に楽しそうである。音楽嫌いになるのは，大人に責任がある。ピアノを無理に習わせたり，生活発表会などへ向けて厳しい練習をくり返し長時間にわたって行なったりすると，音楽が嫌いになってしまう。

　一方，就学後，音楽が嫌いになるのは，音楽が不得意だということを自覚し始めることが原因であることが多い。歌う時に音高がはずれる，声が出ない，楽器の指使いがわからない，楽譜が読めないなど，「できないから音楽が嫌い」になるのである。だからといって，小学校へ行った時に困らないよう，就学前教育でしっかり音楽教育をしようというわけにはいかない。先に述べたように，子どもの心情や発達の過程を無視して教え込むことは，好きな音楽を嫌いにする危険性を大いにはらんでいるからである。

　好きな遊び中心の保育が主流となってから，子どもの歌唱能力は低下しているといわれる。吉富（2006）の研究では，25年前の子どもと比べて，現在の子どもは無伴奏歌唱時における開始音高が低くなっていることが明らかにされている。また小学校1年生でも，音楽に合わせてきちんと歩くことができない児童が数多くいる。これらの現象は，就学前の園生活で一斉に音楽活動する時間が少なくなっていることに起因すると考えられる。加えて，好きな遊びの中で生起する音楽活動への支援が十分に行なわれていないことも原因と考えられるのである。

　それでは，就学前教育で何をするべきなのか。音楽活動は楽しいという心情を育てることが最優先の重要事項であるが，それに加えて，最低限の音楽の基礎を習得させることも必要なのである。最低限の音楽の基礎とは，保育者や友だちの歌声を聞きながら歌うこと，音楽に合わせて身体を動かしたり，歩いたりすることである。朝の会，帰りの会，設定保育の時に，せいいっぱい声をは

りあげて歌っている子どもの姿をよく見る。保育者が,「もっと元気に,もっと大きく！」と声をかけると,よりいっそうエスカレートした怒鳴り声が満ちあふれる。保育者の歌声も友だちの歌声も,ピアノ伴奏もまったく耳に届いていない。歌声はモノトーンで,歌詞でようやく何の歌かわかるくらいである。子どもたちはのびのびと歌っているのではなく,怒鳴ることでストレスを発散しているだけである。これはもはや音楽活動ではない。

　保育者は,子どもの歌声が今どうなっているのかをきちんと聞きとり,子どもの歌唱のよいモデルとなるように常に正しい音高で歌ってみせなければならない。また,子どもの声域に合わせて臨機応変に伴奏を移調できなければならない。つまり,子どもの音楽活動を正しく価値判断できる能力と,それをどう指導したら改善できるのかがわかる知識と,実際にうまく指導する力とが,保育者に求められるのである。また,好きな遊びの中で子どもの音楽活動を引き出し,充実した内容を包含させる能力も保育者には必要である。さらに,子どもの音楽表現の中に光る美的価値を見いだし,それを発展させていくことのできる音楽的能力も必要とされる。

2. 音楽の基礎をはぐくむ音楽活動
(1) 聞きながら歌うこと

　集団で歌っている時の子どもは,いくつかに分類できる。①友だちに負けじと声をはりあげるタイプ,②友だちが歌っているのを聞いて自分も歌っている気になっているが実際は歌っていないタイプ,③正しく歌唱しているタイプ,である。通常,③の子どもは数が少なく,①の子どもの声に負けてしまう。①の子どもは,実は正しく歌おうとしている子どもの邪魔をしているのである。①の子どもたちが疲れて声を出さなくなると,③の子どもの声が聞こえるようになるが,②の子どもの声は聞こえない。これらの異質の子どもたちを集団の中で指導することは難しい。

　効果的な指導法として,応答唱があげられる。譜例1（図3-1）のように,保育者と子どもとが交互に歌う。大きな集団で応答唱をする場合は,やはり怒鳴る子どもがいるであろう。保育者は,「やさしく答えてね」と必ず注意することが大切である。保育者「〇〇ちゃん」→子ども「はあい」のように,個人

■ 図3-1 譜例1

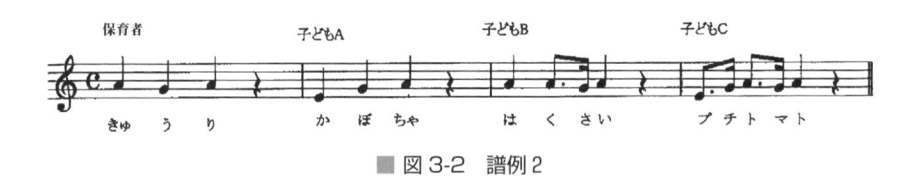

■ 図3-2 譜例2

の応答唱にすると，怒鳴る子どもはいなくなる。この応答唱をする際の留意点は，保育者と同じ高さの音で返させることである。聞こえた音と同じ高さで歌うというピッチマッチングの能力は，聴唱法によって歌を教える就学前教育では最も重要な音楽的能力である。また，4拍子のリズムに乗って，応答の間には4分休符1拍分をはさみ，とぎれないように続けることも重要である。全員で常に，「タン，タン，タン，ウン（休み）」と手拍子をしながら応答唱するのがよい。これは均等な基本拍の体得に効果があるからである。

応用編として，譜例2（図3-2）のような言葉のリレー遊びも考えられる。難しい場合は，4拍子の「タン，タン，タン，ウン（休み）」の手拍子に合わせて，音高なしのとなえ言葉で言わせるとよい。慣れてきたら，わらべうたの旋律に乗って歌う。飽きさせないよう，テーマを「くだもの」「お菓子」などに変えてくり返し行なう。

(2) 音楽に合わせて歩くこと

　子どもたちは集団で音楽遊びをすることが大好きである。たとえば,「貨物列車」「ロンドン橋が落ちた」「花いちもんめ」など,この種の遊びはたくさんある。ゲームが進んで子どもたちの気分が高揚してくると,歌のテンポが速くなったり,走ったり,怒鳴るように歌ったり,あるいはまったく歌わなくなったりすることがよくある。こういう活動が単なる遊びに終わらないよう,少しの工夫で充実した質の高い音楽活動にすることができる。留意点は,音楽に合わせて歩かせることである。絶対に走らせてはいけない。子どもたちのテンポにひきずられて伴奏が速くなってはいけない。テンポを決めるのは,あくまでも保育者である。ただ「音楽に合わせて歩きましょう」と言っただけでは,子どもには伝わらない。音楽に合わせてじょうずに歩いている子どもを見つけて,その子どもの歩き方をみんなに紹介すると,子どもたちは理解できるだろう。音楽を聞いて,そのテンポに合わせて4分音符で歩くということは,均等な基本拍の習得に非常に有意義である。また,音楽を聴く力を養うために,テンポを変化（速く-遅く）させた伴奏に合わせて歩かせたり,曲に強弱の変化をつけて,それに合わせて身体表現させたりすることも効果的である。

3. 豊かな情操を養うために

　好きな遊びの中で,偶然に遭遇する子どもの音楽表現に驚くことがある。ごっこ遊びの中で,役になりきって高いきれいな声で歌っていたり,習った歌を替え歌にして友だちと会話風に交互に歌ったりした時などには,一斉歌唱の際には見られない,子どもの音楽的能力が感じられる。保育者にとって大切なことは,そういう音楽表現に遭遇した時に,いかにそれを承認して子どもに意識させるかということである。無意識に行なっていることを意識化させることによって,子どもはすぐれた音楽表現を偶然ではなくしばしば行なうようになる。さらに,その音楽表現を他の子どもにも紹介することによって,子どもどうしの相互作用による,すぐれた音楽表現の拡大や発展が期待できる。

　また,子どもは,いろいろなものを操作して音を出すことを楽しむ性質をもっている。手作り楽器などで遊ぶこともよくあるが,その際,なるべく楽音に近い,音として魅力のある素材を選びたいものである。ただ音が出るだけでは,

子どもの音楽表現は魅力的にならない。質の高い音楽表現をしたり，聴いたりすることは，豊かな情操を養うためには非常に重要なことなのである。そのためには，事情が許す限り本物の楽器に触れさせたいものである。どうやったらきれいな音が出るか，どうやったら違う音質の音が出るかなど，音色の変化を工夫させることは，聴く力を養うにも，音楽に感動する心を育てるにも，大切なことである。

音楽遊びを通して豊かな情操を養うためには，音楽遊びが質の高いものであることが重要である。遊びながら，実は音楽の基礎をはぐくみ，聴く力を育てることによって，初めて情操教育といえるのである。

3節 製作遊びと表現力の育ち

1. 製作遊びの意義と展開
(1)「製作遊び」とは

製作遊びは，保育所や幼稚園での好きな遊びの時間に，子どもが描いたり作ったりする自発的な活動である。乳幼児期の子どもは，「これが描きたい」「これが作りたい」と描画や製作を始めるが，活動が進んでいくうちに，描いた絵が製作物に作り上げられたり，逆に製作物に描画が含まれる特性がある。

子どもの製作遊びは，描画や製作の融合的・総合的な造形表現活動であり，さらには子どもの遊びの中で多様に展開される。子どもの自由な発想で作られ表現されることに製作遊びのおもしろさと意義がある。

(2) 製作遊びの意義

子どもにとっての製作遊びの意義は，以下の4点が挙げられる。

①表現力の育成

何かを表現する楽しさや喜び，充実感などが得られる。製作遊びから表現力が身につくと同時に，物を作る感性や創造性がはぐくまれ，情操豊かな人間性を養う。

②物と向き合う活動

「遊び」の原則と同様，人に強制されてすることではなく，何を描き，何を作るかという答えを自分で導き出す自主的・自発的活動である。製作遊び

を通じて，コツコツと物事に取り組む力や集中力が育つ。
③試行錯誤・見通す力の育成
　物を作る過程で必要な材料をそろえたり作り方を考える中で，物事を進める際の思考力や先を見通す力が養われる。子ども自身が試行錯誤し，自分の力でやり遂げる経験が自信につながる。
④友だちとの関わりと協同製作
　製作活動を通して友だち関係がつくられ，友だちの考えに触れたり，多様な表現の仕方・表現内容を知る機会になる。また友だちと1つのものを一緒に作る活動を通じて，協力・協同する楽しさを味わう。

(3) 描画活動の指導

　乳幼児期の描画活動のねらいは，子どもが自分の思いのままに描く中で，表現する楽しさや喜びを味わい，描画活動を好きになることであるが，子どもが何度もくり返し絵を描く中で，自然に描画の表現技法が身につく。

　子どもの描画発達は，大きく分けると，1～2歳頃の錯画期（なぐり描きの時期）から，3～4歳頃の象徴期（なぐり描きを見立てて意味づける時期→閉じた丸が描ける時期→円に目や口，手足が加えられた頭足人の時期），5～8歳頃の図式期（基底線が引かれ，絵画的組み立てで互いに関連するものを描く時期）へと発達する。描画の指導の際は，子どもが感じたままを思い切り表現できるようにすることが大切である。また，描いた絵の中には，子どもの気持ちや心理状態が表われていることもあるので，子どもの絵を読み解く力が保育者に求められる。

(4) 造形活動の指導

　1～2歳頃の子どもにとって，紙で遊ぶ活動は発達に適した活動の1つである。紙をちぎる，丸める，のりで貼るなど，紙は低年齢の子どもにも扱いやすい素材である。ハサミが使えるようになると，さまざまな形に切ったり，切った紙を平面的に組み合わせて貼ったり，紙を動物などの立体に形作ることもできるようになり，表現力が広がる。

　また，子どもにとって身近な製作活動の1つに，廃材を利用した造形活動がある。低年齢児は，材料を並べたり積んだり遊びながら物を作ることが多いが，作りたい物が連想できるようになると，イメージを実現するためにさまざまな

■ 図3-3　木工遊び（年長のいかだ作り）

材料を組み合わせ，工夫しながら造形することができるようになる。車や飛行機，船やロケットなどの乗り物，人形，おもちゃなどがその例である。どんぐりなどの自然物を組み合わせ，さまざまに表現するのもおもしろい。

　その他，粘土（小麦粉粘土，土粘土，紙粘土，油粘土など），うつす遊び（スタンピング・デカルコマニー，フロッタージュ，マーブリングなど），染め紙，木工など，いろいろな造形的技法に基づいた表現活動が子どもの発達に応じて展開できる（図3-3）。

(5) 遊びの中の製作活動

　子どもの製作活動は，遊びの素材を作る目的で行なわれることもある。たとえば，お母さんごっこをしている4～5歳児が，製作コーナーでごはんや目玉焼き，サラダを折り紙で作り，お茶碗に盛りつける姿や，戦いごっこをしている男児が大型積木で基地を作り，牛乳パックやキャップなどで基地の内装や戦いのための武器を作る姿，お姫様になった3歳児が星のステッキやベルトを作り，身につけて踊る姿などが見られる。物を作る活動が遊びを持続し発展させると同時に，作る活動自体が楽しい製作遊びとなる。

　また，遊んでいるうちにイメージが広がり，製作遊びに発展することもある。たとえば，段ボールの中に入って遊ぶうちにお風呂や温泉のイメージがわき，スズランテープを束ねたポンポンのお湯を作る姿や，段ボールをお家に見立てて，段ボールに窓を開けたりドアをつけて家作りをする姿も見られる。遊びと

製作活動は不可分に子どもの中で展開される。

2. 製作コーナーの役割と環境構成
(1) 製作コーナーの役割
　子どもが製作遊びに取り組みやすいように，保育室内に製作コーナーを設けると，そこが製作活動の拠点となり子どもの活動は活発化しやすい。

　初めて園に通い始めた子どもにとって，製作コーナーは自分の気持ちや感じたことを表現できる心理的安定の場となる。また，描きたいもの，作りたいものにひとりでじっくりと取り組める場としても製作コーナーは重要である。

　保育室内に製作コーナーの設置が難しい場合でも，製作に必要な道具や材料，素材は1か所に集め，製作遊びがしやすい環境をつくる配慮が必要である。

(2) 環境構成のための工夫
　製作コーナーの環境構成のために必要とされる配慮点を以下に紹介する。
・製作コーナーの棚や引き出し，カゴに道具や素材を整理整頓して配置する。
・引き出しやカゴの中身がわかるように，絵やひらがなで表記したラベルをつける。
・子どもが利用しやすいように，棚や机の上の配置を考える。
・はさみなどの危険な道具は，安全性に配慮した保管の仕方を工夫する。
・道具や材料などは，子どもの人数に配慮した適切な数を準備する。

■ 表3-1　製作遊びに使う道具・材料例

道具	クレヨン，クレパス，カラーペン，絵の具，のり，セロハンテープ，ホッチキス，ボンド，金づち，釘など
材料	画用紙，折り紙，模造紙，和紙，セロファン紙，粘土，割箸，紙皿，ストロー，シール，スズランテープ，ビニールテープ，布，ビニール袋，輪ゴム，木片など
廃材	牛乳パック，お菓子などの空箱，プリンカップ，ペットボトル，発砲スチロール，ふた，ひも，リボン，ボタン，紙袋，包装紙，新聞紙，段ボール，ビン，缶など
自然物	木の実，木や草の葉，小枝，花，石，砂，土，貝がらなど

・子どもの興味・関心や発達に合わせた，身近な材料や道具を用意する。

3. 子どもの表現力を高めるためには
(1) 環境構成と保育者の指導・援助
　子どもが自主的・自発的に製作遊びをするように道具や材料を用意する中で，保育者が材料や素材をどう活用できるかを子どもたちとともに考えたり，保育者自身の表現力を高めたり，保育者が製作活動のモデルとなることが重要である。また，完成した製作物のその子らしい表現や工夫した点を認めさらに作る意欲を引き出したり，製作物を飾って子どもどうしで自然に見合う雰囲気をつくり，表現する喜びが育つような環境設定の工夫が必要である。

(2) 表現を引き出す体験の必要性
　子どもは，園生活のさまざまな活動の中で「楽しい」「うれしい」「おもしろい」と感じる経験をすると，それをさまざまな形で表現したくなる。たとえば，毎日水をやり苦労して育てたイモを収穫した時，そのイモを掘ったことが子どもにとってとても大きな経験として残り，その感動や気持ちを絵に表わしたくなることがある。また，行事で川遊びに行った際，乗った舟の楽しさが園に帰ってからも忘れられず，子どもどうしで段ボールをガムテープで貼り合わせた巨大な舟を作って遊ぶこともある。
　一つひとつの記憶に残る体験が，子どもの表現力を引き出すことにつながるのである。

4節. 科学遊びと科学する心の育成

1. 科学遊びのよさは何か
　知の創成という科学生来の営みは，自然の事物・現象を探索しようとする人間の生得的な知的好奇心を源とするものである。科学は，現代社会の健全で持続的な発展のために欠かすことのできない営みであり，科学活動は，自ら立てた規範に従い，基本的な考え方や態度を共有しながら協同的に営まれている。科学活動の中には，①さまざまなやり方で調べる，②自律的，協同的に活動を行なう，③道具を作ったり，うまく操作する，④新しい考えをつくり出し，認

め合う,といった本質的な学びの要素を見て取ることができるであろう。

　幼い子どもの科学遊びには,①学びの生得性,②学びの多様性,③学びの持続性・発展性,④学びの協同性という特性が含まれている。つまり,科学遊びは,生得的な学びの要素を含み,身体的なイメージを基盤として,持続的で広がりと深まりのある知的探究を,感情豊かに協同で行なうことが可能な活動である点で,重要な今日的意義を持っている。

2. 科学遊びにおける子どもたちの学び
(1) 虫とりが好きな子どもたちへの保育実践

　ふだんからおとなしくて控えめな年中児（4歳児）のA男を中心とした,テントウムシの発見,採集,飼育,観察活動の保育実践を紹介する。この園の子どもたちは,隣接する小学校の敷地にある小高い丘によく探検に出かける。草花を摘んだり丘を駆け回ったりしているうちにテントウムシに気づき,A男を含めた4人がテントウムシとりに出かけるようになった。

【事例】「ぼくのテントウムシ」4歳児

　次々にテントウムシを見つける友だちを見ながら,A男は,「Aちゃんのテントウムシつかまえて,Aちゃんの,Aちゃんの」と保育者の服の裾を引っ張り,訴えた。「Aちゃんのテントウムシつかまえようね」と2人で探すがなかなか見つからない。次の日もテントウムシはつかまらず,3日目,テントウムシとりの得意なB男のそばでテントウムシを探していたA男が「テントウムシがおった」と叫ぶ。B男が「（葉っぱから）落ちないようにそうっととって」と教える。A男は両手でそうっとすくい上げるようにテントウムシをとり,「先生,早くふたを開けて,逃げちゃうよ」と言いながらテントウムシをケースの中に移す。ふたを閉めると「Aちゃんがとった,Aちゃんのテントウムシよ」と得意そうに保育者に見せた。

＊＊＊

　次の日,B男が「テントウムシの家発見！　みんなおいで」と呼びかける。ヨモギの葉にテントウムシが4匹。そこで,A男は2匹目のテントウムシをとった。B男から「葉っぱも入れんといかん」と言われ,A男はヨモギをケースの中に入れた。さらに,「アブラムシも入れとかんといかんよ。テントウムシはアブラムシを食べ

るんよ」とB男に教えられる。A男は，B男に案内されたところで，アブラムシがたくさんついたカラスノエンドウをとり，ケースに入れていた。

＊＊＊

　次の日，A男がテントウムシを大切に持って登園する。「テントウムシ時々とぶんよ，この中でとぶんだよ」と保育者に話す。保育者が「えー！　テントウムシってとぶの？　どんなふうにとぶの？」と聞くと「羽が出てとぶよ，ぼくのテントウムシとんだんよ」と得意そうに答えた。それからテントウムシとりに出かけたA男は，テントウムシだけをケースに入れているC男に，「テントウムシは葉っぱとアブラムシが好きなんよ。アブラムシは黄緑よ。ここでとったんよ」と教えていた。D子が「♪テントウムシのご飯はアブラムシよ～，アブラムシがおるところにテントウムシがおるんよ～，ご飯じゃから♪」と即興の歌を歌うとA男もまねをして歌っていた。

＊＊＊

　ケースの中のテントウムシをじっと見ていたC男が「いろんなお洋服着てるね」とつぶやく。「テントウムシのお洋服，違うの？」と保育者が尋ねると，「模様が違う」とC男が言う。「ねぇ，C君のテントウムシ，模様が違うんだって」と保育者がA男に伝えると，自分のものと見比べて，「ぼくのと違う」と言った。黒地に赤い模様のC男のテントウムシは何だろうということになり，子どもたちはテントウムシの本で調べた。A男も頭を寄せ合って本をのぞき込み，「これが同じだ」と指をさす。C男のテントウムシが『ナミテントウムシ』で自分のテントウムシが『ナナホシテントウムシ』であることがわかった。

＊＊＊

　B男がテントウムシのさなぎを見つける。B男が，「これ，テントウムシのさなぎ。皮をむいで大きくなるんだよ」と言うと，A男が「ザリガニとおんなじや」と言った。その次の日，A男がケースに入ったテントウムシとカップに入ったテントウムシのさなぎをもって登園した。「お母さんととりに行った。これテントウムシのさなぎなんよ」とカップを差し出す。カップの中には，さなぎのついた葉がテープで貼られている。「動かないねえ」と保育者が言うと，「さなぎは動かんのよ。もうすぐテントウムシになるんよ」とA男が言った。

＊＊＊

テントウムシとりの仲間に新しくF男が加わる。A男は,「Aちゃんが見つけたら,Fちゃんにあげるね。テントウムシはとぶんだ。くさい液も出すよ」と言いながら,テントウムシの家と呼んでいる場所に案内していた。降園前,クラス全員に『ななつのほしのてんとうむし』の紙芝居を読んだ。敵に襲われオレンジ色の液を出す場面では,A男が「ぼくもかけられたよ」と興奮気味に言った。A男は自分の知らなかったたまごや幼虫の写真に引きつけられながら,熱心に聞き入っていた。

＊＊＊

　A男が空のケースを持って登園してきた。「テントウムシは？」と保育者が聞くと「逃がしてあげた。テントウムシの赤ちゃんも一緒に逃がした」と答えた。週末に,さなぎもテントウムシになり,一緒に全部逃がしたとのことであった。子どもたちはアブラムシという生きエサを与えることを気にし始めていた。

(2) 科学遊びから派生するさまざまな学び

　子どもたちの2週間にわたるテントウムシ活動を通じた気づきを,まず科学的なアイデアへの発展可能性という観点から検討すると,図3-4のようなモデルを提案することができよう。

　子どもたちは,①テントウムシを発見し,採集するためにその生物の生息地に気づく。②テントウムシを飼育するために,その生物の食べ物に気づく。③テントウムシの模様の違いから,その生物の特徴や多様性に気づく。④テントウムシのさなぎの発見,観察から,その生物の変態に気づく。⑤テントウムシ

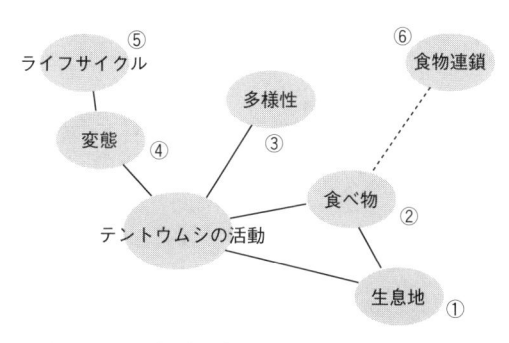

■ 図3-4　テントウムシ活動の気づきから考えられる科学的アイデアへの発展可能性

のさなぎの前段階に疑問を持ち，その生物のライフサイクルに気づく。⑥テントウムシがアブラムシを食べることから，食物連鎖に気づく。これらの気づきはすべて，より年長での科学学習の重要な基盤となり得るものである。

おとなしくて控えめだったＡ男は，保育者との一対一の関わりを求め，保育者に依存しがちであった。それが２週間にわたるテントウムシ活動を通して，テントウムシがとれる場所へ友だちを積極的に案内したり，自分の気づきや経験をみんなの前で自信を持って話ができるようになっていった。そこには，３日かけてようやくつかまえたテントウムシへの思いや自己実現，自らの経験に基づく豊かな言語表現，採集や飼育などを通した友人との情報交換や協力などさまざまな学びの要素が含まれている。こうした統合的な学びをGardner（1999/2001）の多重知能の考え方から整理したものが図3-5である。Harlan & Rivkin（2004/2007）は，身近な素材を使って，造形表現の活動，創造的な思考活動，食べ物を使った活動などと結びつける感情豊かで統合的な科学体験活動を提案している。

幼児期特有の統合的な遊びや，生活の中の自然環境を通しての学び，他者との協同による学びとして，科学遊びは非常に適している。個人用の観察ケースや虫とり網を用意したり，採集した虫を観察するための虫眼鏡をスケッチ用紙と一緒に置いておいたり，子どもが疑問を感じた時にいつでも調べられるよう

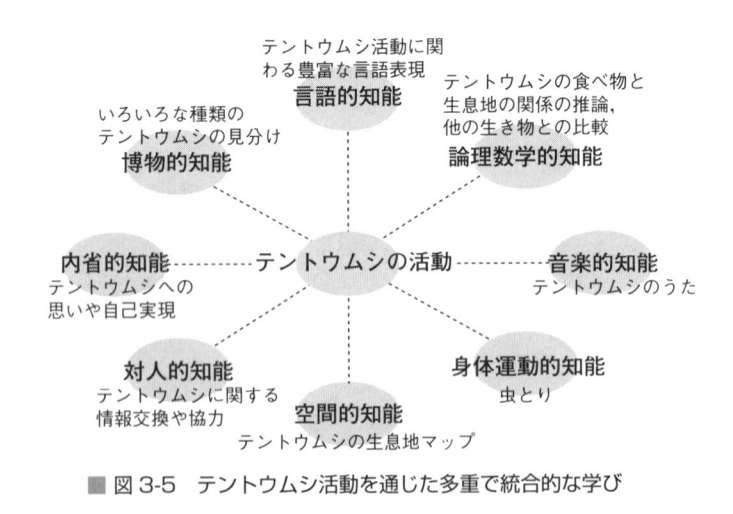

■ 図3-5　テントウムシ活動を通じた多重で統合的な学び

に生き物コーナーに絵本や図鑑を用意するという簡単な環境整備により、子どもたちの科学遊びは持続的で広がりや深まりのあるものとなる。

最後に、本節で紹介したA男の多くの知的な気づきや学びの背景として、家庭との連携・協力についても述べておきたい。A男の家庭では親子でさなぎとりに出かけるなど、A男のテントウムシへの思いや気づきは家庭でも大切にされていた。博物館や大学などで行なわれる科学イベントや展示会の情報を共有するのもよいであろう。家庭や地域社会との連携・協力が行なわれることによって、幼年児の科学遊びは日常生活との関連が増し、より実り豊かなものになる。

5節　ごっこ遊びと人間関係能力の育ち ——事例「魔法の鍵ごっこ」

子どもの人間関係の育ちは「ごっこ遊び」の中で培われる。保育者が具体的にどのような援助を行なっているのかについて、以下で3歳児・2学期の事例「魔法の鍵ごっこ」を挙げながら考えていきたい。

(1) 観察対象

対象者：東京都の私立の幼稚園の年少組3歳児クラス33名（男子17名・女子16名）と3人の保育者。（ティーム保育形式で、保育者3名の中の1名は保育者歴20年のベテラン教諭で、2名は新人教諭）

観察時期：2008年（平成20年度）9月第1週〜第3週における「好きな遊びの時間」

(2)「魔法の鍵ごっこ」に至る経緯

3歳児のこの保育室の一角にもとは収納スペースだった半畳ほどの空間がある。その空間を室内遊びでも活用できるようリフォームしたところ、子どもたちにとってその空間はおままごとコーナーとなり、また時には、隠れたりするお気に入りのスペースとなった。その際、二方向に開口していた一方のドアを固定し、安全のため上部に大人のみ開閉できる鍵を新たに取り付けた。

また、このクラスは1学期から、オオカミ役の保育者が追いかけると、子どもたちがダンボールの「コブタのおうち」に逃げ込む「コブタのおうちごっこ」という遊びを楽しんでいた。2学期に入り、友だちとの関わりが増えてくるこ

の時期は指導計画においても，保育者との信頼関係を基盤に子どもと子どもとの関係がつながるよう援助することが，担任3人に共有されていた。これらの経緯の中で，以下の「魔法の鍵ごっこ」が展開されていった。

【事例】 魔法の鍵ごっこ

　ある日，おままごとコーナーで遊んでいたT男が，「開かずの扉」のドアノブと鍵穴に着目し，なんとかその扉を開けようとする姿が見られた。その扉は古いタイプの扉だったため，鍵穴も大きく，T男はおままごと用のフォークやスプーンの柄を使って開けようと試みていた。以下はT男とその周囲の子ども，保育者とのやりとりである。

T男：フォークで鍵を開けようとしている。

保育者：すぐそばの造形コーナーからT男の様子を見ている。①

K男：T男が鍵を開けようとしているのを見て，「何しているの？」（K男はT男と日頃から仲がよい）。

T男：「魔法の世界のドアが開かないんだよ。ここを開けると魔法の世界だよ。」

K男：「ぼくもやりたい！」とおままごと道具からスプーンを持ってくる。2人で開けようとするが，扉は開かない。

保育者：「魔法の鍵じゃないと開かないんじゃない？　魔法の鍵を作ろうか？」②とわら半紙で魔法の鍵を作って見せ，T男とK男に渡す。③

T男：できあがった鍵を手に，魔法の鍵で開けてみる。

保育者：そっと扉の上部の鍵を開錠する。④　扉が開く。

T男とK男：「わー，　やったー！　魔法で開いたー！」とはしゃぐ。（図3-6）

保育者：再び扉を閉め上部の鍵をかける。⑤

T男：「魔法で開いたよ！」と周囲の子どもたちに自慢する。再び魔法の鍵を使って扉を開けようとする。扉がなかなか開かない。「そうだ，K君の鍵と合体しようよ。みんなの力を合わせるんだ！」とK男と鍵を重ねようとするが，扉に顔をぶつけて泣く。

保育者：T男とK男に「みんなの鍵の力で開けるのいい考えだと思うけど，お友だちがいると危ないから，よく見てから開けるようにしない？」と提案し，「1，2，3，4……」と数を数えながら扉の前に立つ。⑥

■ 図3-6 「わー，やったー！ 魔法で開いたー！」とはしゃぐT男とK男

周囲の子ども：扉の反対側のおままごとの空間に入って，扉が開くのを待っている。
保育者：「みんなで魔法の言葉を言ってみたら開くんじゃない？ 何て言ったら開くかな？」⑦
C男：「上の鍵で開くんだよ。」（C男は遊びに加わりたいが，「入れて」と言えないでいる）。
保育者：「そう？ C君どんな魔法の言葉を言ったらいい？」⑧
C男：「オレの魔法の鍵どうした？」と魔法の鍵を持っていないC男はT男とK男の魔法の鍵をうらやましがり，取ろうとする。
保育者：「C君ちょっと待って。C君も魔法の鍵作ればいいんだよ。」⑨
C男：保育者の提案に納得し，「みんなの力を一つにすればエンジン合体！」
保育者：登園してきた子どもの擦り傷の手当てをするため，入り口へ移動する。⑩ 手当てをしながらもT男・C男らの様子を見守っている。
S男・A男：T男らのやりとりを見て，興味を示し，自分たちの遊んでいた粘土ベラ，空き箱の切れ端などで鍵を開けようとしたり，カラーセロファンを扉にかざして開けようと試みる。
保育者：傷の手当が終わり，戻ってくる。「どうなった？ 開いた？ おまじないかけてみて。何がいい？」⑪
C男：「さる！」
保育者：「さる？ じゃあ，サルサルウッキッキー，開けよとーびーらー！」と唱

えながら上部の鍵を開ける。扉が開く。⑫
子どもたち：「わー！　開いたー！」と大興奮する。

　その後「魔法の鍵ごっこ」を楽しむメンバーは増え，「魔法の鍵」はペンやクレヨンで色を塗ったり，シールを貼ったりしてオリジナルの鍵にアレンジするように発展していった。「魔法の言葉」も「トンボがひらいたよーうーにー」など，子どもによって異なったり，同じ子どもでも毎日変わったり，「さよーならー」など，扉が閉まる言葉を考えたりする姿が見られた。さらに，それまで行なわれていた「コブタのおうちごっこ」や，「七匹のヤギごっこ」のイメージが加わり，「魔法の世界にオオカミ（D男がオオカミになる）がやって来て，みんなで追いかける」という遊びに変化していった。D男は入園当初，友だちと関わることはほとんどなかった子どもだが，オオカミ役を楽しむ姿が見られるようになった。後日この様子は「クラスだより」を通して保護者にも伝えられた。

（3）保育者の援助のポイント

　事例「魔法の鍵ごっこ」から，ごっこ遊びと人間関係能力の育ちを意識した保育者の援助のポイントをまとめると以下のようになる（番号は事例中の下線部の番号に該当する）。

- 子ども理解と発達の過程に見通しを持つ（例：指導計画等で保育者どうしが共通理解を持つ）。
- 子どもが自ら動き出す環境を設定する（例：扉のスペースのリフォーム，おままごとコーナーや造形コーナーとの連動を意識した環境設定）。
- 子どもの遊びを観察し，子どものイメージや願いを読み取る。①⑧⑫
- 子どもの願いやイメージに共感する。②⑫
- 遊びの中でモデルになったり，特定の役柄を担って参加する。③④⑤⑫
- 遊びが発展するような提案や質問をする（例：「魔法の鍵を作ったら？」「魔法の言葉何がいい？」）。②⑦⑧⑨
- 遊びのイメージや同じ遊びの仲間であることを視覚化するアイテムを提示する。③
- 保育者の提案を子ども自身がさまざまにアレンジしたり，発展させられる

ように援助する（例：鍵を合体させる，セロハンをかざすという新たなアイデアや，鍵を装飾したり，さまざまなおまじないの言葉を考え出すなど）（例：C男・A男・S男の反応や動き）。
・周囲で傍観している子どもに対して，直接遊びに誘うのではなく，遊びの楽しさを周囲の子どもに視覚的に示すことで，子ども自身が自ら遊びの輪に入ろうとする意欲を持たせる（例：C男，A男，S男の反応や動き）。
・遊びに一度参加しても，途中で抜けることで，子どもたちだけでどのように遊びを発展させたり，トラブルやハードルを乗り越えるかを見守る。⑩
・遊びのイメージを保持しながらも，危険なこと，相手が嫌なことなど，トラブル等への対応を考えられるよう言葉がけしたり，具体的に言葉で伝えていく。⑥
・周辺の子どもがその遊びにどのような気持ちを抱いて見ているかを把握し，遊びの発展を予想し，見通す。⑨
　後日それらの子どもが「鍵を作って」と要望してくる。
・保育者どうしで遊びの経緯，イメージを共有し，継続して遊びが発展するようにする（例：指導計画，保育者どうしの会話や個人記録の記載など）。
・保護者とも子どもの遊びのイメージを共有し，遊びがどのように子どもの発達と関係しているかを伝える（例：後日「クラスだより」で伝える）。

(4) まとめ

　事例「魔法の鍵ごっこ」は3歳児の2学期であるが，年齢や時期が異なればおのずと保育者の援助は異なってくるであろう。子どもの年齢が4，5歳児であれば，子どものごっこ遊びを見守ることが多くなるが，一方で子どもどうしの関係が深まることでトラブルも増加する。特定の友だちとごっこ遊びのイメージを追求するあまり，他児を「入れてあげない」と排除しようとしたり，自分たちが考えたルールを守らない子どもを批判したりといったトラブルが増えていく。このような葛藤場面において，保育者はすぐに介入したり，助け舟を出したり，忙しさやその後の予定を理由に安易な解決方法を伝達したり，「ごめんね」「いいよ」といったおざなりの解決でお茶を濁すといった援助をしがちである。しかし，子どもどうしが十分に気持ちを吐き出し，自分で考え，友だちの存在，相手の気持ちに気づくチャンスになるよう援助することで，子ど

もの体験は飛躍的に豊かな学びへとつながっていく。そのためには，「〇〇君にAちゃんの気持ち，言った？」「〇〇ちゃんは何がいやだったの？」「〇〇ちゃんはどんな気持ちだったと思う？」「どうすればよかったのか，みんなで考えて，後で教えて」「〇〇ちゃんも誘ってみれば？」「Bちゃんに教えてもらうといいんじゃない？」「みんなに教えてあげて」といった他児とつながる言葉がけ，仲間意識をはぐくむ言葉がけや，子どもを支える援助が求められるであろう。

　そして，それらの葛藤経験を通して子どもたちが何を学んでいるのか，どのような援助や言葉がけを行ない，どう子どもが変化したのかを保育者どうしが言語化し，その意味を共有し，記録し，保護者や地域社会に対しても説得力のある言葉で伝えていくことが，今日保育者に求められる必須の役割であると考える。これらを継続することで，学びと遊び，社会性や人間関係能力と遊びの相関性や重要性が明確となり，保育者の専門性，技術として園文化の中で継承されていくのではなかろうか。

4章 園生活における援助

1節 生活の秩序
——基本的生活習慣

1. 子どもの生活する姿と保育者の援助

　子どもは，園生活を通して，気持ちのよいあいさつをすること，自分の持ち物や衣服を着替えること，遊んだあとは片づけること，食事の前には手を洗うことなど，生活に必要な行動やきまりがあることを知っていく。幼稚園教育要領では，「基本的な生活習慣の形成に当たっては，家庭での生活経験に配慮し，幼児の自立心を育て，幼児が他の幼児とかかわりながら主体的な活動を展開する中で生活に必要な習慣を身に付けさせるようにすること」（文部科学省，2008, p.14）と述べられている。「主体的な活動を展開する中で」とは，子ども自身が必要性を感じ，生活の中に秩序を見いだしていくことではないだろうか。子どもが園生活の中で他児と関わりながら主体的な活動を展開する姿を通して，生活に必要な習慣を身につけられるような保育者の援助について考えたい。

2. 保育者との信頼関係に支えられた生活

【事例】　3歳児6月

　保育室で粘土遊びをしていたT児は，ふと手を止めて外を眺め，「Nせんせー」と園庭にいる保育者を呼び，上履きのまま外に出ていく。T児の呼ぶ声に気づいた保育者は，「靴，履き替えよう」と言い，自分の外靴を指差して見せる。T児はテラスに座って上履きを脱ぎ，保育者に渡す。保育者が「上履き，きれいにしましょ，トントン」と歌いながらT児の上履きの泥を落とすと，T児は笑って足を踏み鳴らす。T児と保育者は，「トントン」と歌いながら互いに笑い合う。保育者

■ 図4-1　「手は洗った，タオルはここへ…」

が「ハイ！」と上履きをＴ児に渡すと，Ｔ児は靴箱にしまい，外靴に履き替えて保育者と一緒に外に出て行く。
　砂場で遊んでいたＭ児は，保育室に戻って手を洗う。濡れた手を拭こうとして，タオル掛けにタオルを掛けていないことに気づく。「あ，タオル，忘れちゃった。」とロッカーのリュックの中からタオルとコップを出して掛ける。Ｍ児は隣にいた子どもに，「バイ菌くるよね。いい匂いするよね」と言う。

　生活に必要な習慣の形成は，まず家庭で行なわれる。特に，初めて家庭から離れ園生活を始めた子どもは，一人ひとり行動のペースも理解の仕方も異なっている。家庭と情報交換をしながら，一人ひとりの行動の特性を理解し，個に応じた援助をすることが求められる。Ｔ児は，園での生活の仕方をまだよく理解しておらず，必要な行動を身につけていくのに時間がかかる。保育者は，家庭での生活経験を知ったうえで，温かい関わりを持ちながらＴ児のペースに合わせて丁寧に接している。一方，Ｍ児は，遊んだあとや食事の前に手を洗う意味がわかってタオルを掛ける必要性を感じるようになってきている。保育者は，園生活の自然な流れの中で子どもが自ら気づいて行動する場面を見守り，毎日くり返すことで習慣として身につくように援助している。
　子どもは保育者の言動をよく見ている。大好きな保育者を信頼し，保育者の

する通りにしようとする。その信頼に応えるように，禁止や指示や命令ではなく，子どもと心をつなぎ，子どもの行動のモデルとなることが大切である。

3．生活や遊びの中から生まれる秩序
【事例】 4歳児6月 「わー，めちゃくちゃだ」

　5人の子どもが，ままごとコーナーで，紙を丸めたり切ったりしてタコ焼きを作っている。窓から「タコ焼きくださーい」と客が声をかけ，周囲の子どもとのやりとりや動きが活発になる。A児は，「忙しい，忙しい」と言いながら店内を行き来し，客にタコ焼きを渡す。B児は大きな音をたてて食器を洗い，C児は紙を放りあげて丸める。器や紙くずが散らかり，紙片を踏みつけて歩くようになる。A児は，「わー，めちゃくちゃだ。これじゃ売れない」と怒りだす。様子を見ていた保育者は，「アルバイトに来ました」と声をかけ，机の前に座り，「青のりの入れ物はどこですか」などと言いながら紙片を拾ってその場を整理し始める。A児は「ここです」とアルバイト役の保育者に器を渡し，一緒に紙片を拾う。B児は「ここ，玄関にしよう」と靴を並べる。

　遊びの中で物を扱う経験は，子どもが基本的生活習慣を身につけるうえで欠かせない。タコ焼き作りのイメージが鮮明なうちは，子どもは材料や用具を丁寧に扱い集中して作っている。友だちとのやりとりが楽しくなり，動きが活発になると，物の扱いは乱暴になり，遊びは集中から解放・混乱へと移行する。保育者は，頃合いをみて遊びの一員として参加し，子どもたちの遊びのイメージに沿って場所や物を整理している。場所や物を整理するという行為は，子どもが遊びの中に秩序を見いだし，心地よい習慣として生活に必要な行動を身につけていくことにつながっていく。

　遊びの中には，その子どもなりの秩序感覚が表われる。「ここ，玄関にしよう」と靴を並べる子ども，「2階は勉強部屋」と少し高い場所にシートを敷き，机に見立てた積み木の上に道具をきちんと揃えて置く子どもなど，生活の中で身につけている秩序感覚は，遊びをつくり出す姿にもつながっている。子どもの遊びは生活と一体であり，遊びや生活の中で秩序が生み出され，基本的な生活習慣として子ども自身のものになっていく。

4. 生活に必要な作業をともにする体験
【事例】 5歳児9月 「いい土だって」「畑の人に知らせよう」
　5歳児が腐葉土を運び，畑の土つくりをしている。この腐葉土は，園庭の落ち葉を集め，父親たちと一緒に作ったものである。腐葉土をスコップでタライに入れる子ども，友だちと力を合わせて運ぶ子ども，畑の土と混ぜて耕す子どもなど，役割を持ち，協力して作業を進めている。「臭いね」「畑の栄養だ」「大きいミミズがいる。いい土だって，Mさん（子どもが田んぼの先生と呼んでいる地域の方）が言ってたよ」「あと少しで終わるから，畑の人に知らせよう」など，友だちと伝え合っている。作業の後，Mさんから「土はしばらく寝かせること，次は畝を作ること，種を捲く日をきめること」など教えてもらう。子どもたちは使ったスコップとタライを洗い，次に使えるように道具の始末をする。

　年長になると，餅つきのために自分たちで米を作ったり，畑で野菜を育てたりする作業を保護者や地域の人とともに行なう。昨年度，年長のすることを身近に見ていた子どもたちは，「今度はぼくたちが作る」と張り切って作業を受け継ぐ。地域の方たちに教わりながら，自分たちの手で世話をし，収穫し，調理する。この一連の「食」に関する生活体験は，生きる力につながり，生活に必要な行動そのものである。こうした作業の中で，季節に応じた生活があることを知り，準備や片づけ，身支度，道具の扱い方，健康で安全な行動の仕方，友だちと力を合わせて行動することなど，生活に必要な行動をくり返し体験していく。
　本園では，子どもを取り巻く自然や社会の変化など生活の背景をとらえ，動植物との触れ合いや飼育栽培などの作業を生活の中に取り入れ，生活を重視したカリキュラムづくりを工夫している。その際，地域の人材を活用し，専門家と連携し，子どもにとって充実した生活体験ができるように，長いスパンで見通しをもって保育を構成していくようにしている。基本的な生活習慣の形成にあたっては，子どもを取り巻く生活全体に目を向けていく必要があるのではないかと考えている。

5. 仲間とともにつくる生活

【事例】 5歳児 11月 「急いで行くから」
　子ども会について話し合うことになり，学級で集まっていた。F児たちのグループは大きなシートをたたむのに手間がかかり，片づけが遅れていた。R児が「もう片づけだよ。みんな集まってる」と言うと，K児が，「Fちゃんたちは遊び始めるのが遅かったからね。終わったら来るんじゃない」と言う。F児たちは「急いで行くから」と言いながらシートをたたむ。

　子どもたちはこうした生活の中の出来事を通して，困ったことがあると，自分たちで解決しようと意見を言い合うようになる。「みんなが待っているから急いで片づけよう」「あとから来るから大丈夫」など，相手の状況を理解し，互いに調整しながら自分たちの生活をつくっていこうとするようになっている。困ったことがあれば，どうすれば気持ちよく暮らせるか一緒に考え，折り合いをつけて自分たちの生活をつくっていこうとする子どもどうしの関係をはぐくむ学級経営が重要である。

2節 生活の中の運動習慣

1. 運動のとらえ方と日常生活の見直し

(1) 運動のとらえ方
　「運動」というと，ボールを使ったり縄を使ったりする体育活動やスポーツをイメージする人も多いのではないだろうか。子どもの運動遊びそのものが減少している中，遊びとしての活発な活動ももちろん必要なことである。しかし，実際に変わったのは子どもの遊びだけではない。日常の生活では，自動化や機械化，欧米化などによって非常に便利で楽な生活を送れるようになってきた。実はこのような便利な生活の中で，体を動かす機会そのものが奪われているのである。
　かなり前から子どもの運動能力の低下が指摘されているが，この低下の背景には身体活動の低下が大きく関わっている。これには遊びの変化が大きいとされているが，日常的な習慣も関係している。たとえば，徒歩通園をしている園

では，バスなどを使っている園に比べて子どもの運動能力が高いという指摘があるが（森ら，2004），この他にも家庭環境の影響も指摘されている（吉田ら，2004）。わずか一日10分，20分程度の歩行かもしれないし，このことだけに限った影響ではないが，毎日の積み重ね，数年間の積み重ねである。その差の大きさは容易に想像できるであろう。

運動を特別な活動ととらえるのではなく，生活の中の動き，体そのものを動かす機会と考え，日常生活レベルでの身体活動を見直して，できるところから健康な心と身体の基礎を培っていく必要がある。無理なことは継続できない。少しずつでも無理なく自然な行動として毎日の生活に擦り込まれれば，それが当然のこと，その人の習慣となる。

(2) 日常の中の動き，生活の中の動き

日常の生活場面で私たちはどのくらい身体を動かしているだろうか。

移動の際は車や自転車に乗ることが多くはないだろうか。デパートや駅では，メインにエレベーターやエスカレーターがあり，階段を使おうにも不便な場所にある。トイレは和式から洋式が主流になり，布団からベッドになったことで毎日の布団の上げ下げはなくなった。テレビはリモコン，自転車には電動機も付き，ドアや蛇口まで自動になり，そこにはかつては経験していたであろう動きが伴わなくなってしまっている。ふだんの生活を見直してみると，日常場面において至るところで体を動かす機会が減少している。

立ったまま靴を脱ぎ履きできなかったり，階段を一段ずつ足を揃えてでしか降りられない年長児，長時間立っていられない高校生や大学生など子どもの体や動きのおかしさを挙げればきりがない。これらは便利になった生活の一種の弊害であると考えられる。便利で快適になることはありがたいことであり，すばらしいことである。しかし，便利な中では動きの経験，身体活動が制限されている。知らず知らずのうちに失っているものがあることにも気づき，日常場面での動き，生活の中の動きを再考してみる必要があろう。

日常生活を快適に過ごすことのできるある程度の体力や運動能力さえもない状態は決して健康とはいえない。小さい時から便利なものしか知らない環境で育った子どもは，選択肢そのものが限られてくる。いろいろな選択肢のある人は，その日の状況に応じて適したものを選択して使えるだろう。しかし，選択

肢がなく育った人は，階上に上がる際はエスカレーター，移動にはタクシーと，幼少期から擦り込まれた行動パターンのみが生涯にわたって出現するようになるのはごく自然のことといえる。そうなるとますます身体活動を行なうことが難しくなってくる。「体を動かすのはスポーツクラブで，生活は便利で楽に」というのではなく，まずは日々の生活の中での動きを意図的に活発にしていくことが必要である。日常レベルの積み重ねが，心身共に強い子どもを育てる基礎になっていくのである。子どもには，おっくうだとかめんどうくさいということはない。

(3) 園内での身体活動

園の中では，荷物や遊具の移動をどのように行なっているだろうか。子どもが遊びやすいからと砂場の近くに水道，大型積み木を組み立てる場所の近くに積み木を収納するといった配慮をすることもあるだろう。しかし，身体活動を豊かにするといった立場からすると，このような配置の仕方は非常にもったいない。子どもは必要と思えば遠くにあっても，重たいものでもどうにかして持ってきてそれを使って遊ぼうとする。移動が大変だからとわざわざ近くに配置しなくても，あえて遠いところにある遊具を提案することで，子どもはそれを運んでくる。砂場の近くに水道があれば，そこを使えなくしておけばよい。水が必要と考えれば，遠くにある水道でも子どもは何往復もしながら水を運ぶ。重たいものや大きいものを友だちと一緒に運ぶということは，協力することはもとより高さや速さを友だちと合わせなければうまくいかない。あえて運動やスポーツを行なわずとも，こうして生活の中で身体活動量を増やしていくことはそう難しいことではない。

ある園では，給食の際にやかんでお茶を配っている。しかし，やかんが大きく重たいため，子どもが持つと失敗するからと，保育者が教室まで運んでは個々のコップに注いでいる。やかんが重たいなら子どもが持てる程度の大きさのものを用意したり，お茶の量を少なくしておくことで失敗も防げる。また，万が一，失敗してもそういった経験が教育的な活動として位置づけられるのではないだろうか。保育者自身がふだんの生活の中の動きを意識し，見直していくことで，子どもにも知らず知らずのうちに身体活動を経験させていくことができるだろう。

2. 保護者を巻き込んだ意識改革

　2008年の道路交通法改正の際に，幼児2人を乗せた自転車3人乗りの是非が議論になった。事故が多く危険であることから禁止される方向が打ち出されたが，親からすると時間がないのに子どもを自転車に乗せられないと困るというものであった。そういった強い反発に押され，3人乗りの禁止は見送られた。

　この議論に関して，何かおかしいと思うことはないだろうか。確かに親の言い分もわからなくはない。しかし，時間がないなら，朝少し早く起きて歩いて行こうという発想にはならないのだろうか。園まで自転車に乗せられ運ばれるだけの子どもの運動量はゼロである。歩くことで身体活動はもとより，四季の移り変わりを感じたり，虫や花に触れたりできるし，近所の人との出会いもあるだろう。しかし，自転車に乗せられている子どもからはそういった何気ない経験がすべて奪われているのである。

　親がふだんの生活を見直すことにより，自身の身体活動量を増やせること，子どもの身体活動量や経験を豊かにしていくことができることに気づかせていくことも園や保育者の役割であろう。無理強いしても続かない。ふだんの生活の中であたりまえに行なっていればそれが習慣となり，その結果体力を保持することにつながっていく。子どもは親や保育者を見て学ぶし，年齢が低い子どもほどその行動は親に依存する。親や保育者が動けば子どももおのずと動くのである。特に乳幼児期は生活習慣を形成する時期である。小さい頃から自動車に乗ることが習慣となっている子どもは，生涯にわたって自動車に乗っているだろう。良くも悪くも経験によって身につくのである。

　幼稚園のある平日と休みである土日では，幼稚園のある平日のほうが子どもの歩数が多いという報告がある（吉田，2005）。幼稚園の保育時間は4時間程度であり，在園時間中常に動き回っているわけではないが，幼稚園のない休日よりもたくさん動いているのである。子どもの外遊びが減少している中，園では戸外での遊びを積極的に取り入れようと限られた環境を工夫している。このような取り組みも園の役割として当然必要である。しかし，すべて園任せで，家庭では室内でゲームだけをしているというのは問題である。園だけですべてを補完することはできない。休日，家族で公園に出かけたり，親子で一緒に外で遊んだりということが身体活動を向上させるだけでなく，親子のコミュニケ

ーションを図る機会にもなる。2008(平成20)年3月告示の幼稚園教育要領では，改訂の要点として「幼稚園と家庭の生活の連続性の確保」「預かり保育や子育て支援の充実」が挙げられ，家庭との連携にあたって「保護者の幼児期の教育に関する理解」が深まるようにすることなどが新たに規定された。これまでも家庭との連携を図ることが幼稚園教育の目標にあったが，家庭との連携だけでなく保護者への支援や啓発も幼稚園教育の役割の1つとして明記された。一方，保育所保育指針でも，保育士の重要な専門性の1つに保護者に対する支援が挙げられている。子どもの生活全般を視野に入れた子どもへの関わりが必要であるとともに，保護者の意識を高めていくようにすることも保育者の役割である。

3節 生活の中の音楽

1. 自然や日常生活の中の音

　私たちの生活は，音に囲まれている。自然の中から聞こえてくる音には，風の音，雨の音，海の波音，鳥のさえずり，木々のざわめき，虫の鳴き声などがある。これらの中には，現代では，ごく身近にあるとは言い難いものもあるが，風の音は，ビュービュー怒っているように聞こえる時もあるし，そよそよと囁いているように聞こえることもある。雨の音にしても，シトシトと静かに聞こえたり，ザザザーと大音量で聞こえることもあるだろう。また，鳥のさえずりは，チチチチと朝さわやかに目覚めさせてくれるような声が聞こえる時も，ピーピーと母鳥を待つヒナの声が聞こえるような場合もある。虫の鳴き声といっても，ミンミンと太陽の降りそそぐ真夏のセミであったり，リーンリーンと秋の夜長を感じさせる鈴虫の羽音が聞こえる季節もある。

　さらに，生活の中から聞こえてくる音としては，電子レンジやタイマーの音，調理中にものを切ったり，炒めたり，焼いたりする音や，掃除機の音，人々の足音や話し声などがある。耳を澄ませば，時計の針が進む音や家族の寝息も聞こえる。外からは車や電車の行き交う音，バスのアナウンスも聞こえてくるだろう。私たちは，日常生活におけるこれらのさまざまな音をどれだけ意識してきただろうか。

乳幼児は，すべての機能において発達途上であり，だからこそ無限の可能性を秘めているともいえる。ゆえに大切な乳幼児期を預かる保育者は，前述のようなさまざまな音に対しても敏感でありたい。保育者が身のまわりの音の存在に注意を向け，子どもたちに伝えたり，聞かせたりしていくことは大切なことである。そうすることによって子どもたちも，耳を傾ければいろいろな音が聞こえ，自分のまわりにさまざまな世界が広がっていることに気づき，音によって，季節や時間，自然のエネルギーや生活の中の喜怒哀楽までをも，感じ取ることができるようになるのである。まさしく感性教育の原点ともいえよう。

2. 園生活の中の音
(1) 子どもたちに影響を与える音やリズム

　園生活の中にも，さまざまな音が存在している。子どもたちの笑い声や泣き声，保育者の話し声やかけ声，積み木やブロックの音，ピアノや楽器の音などである。それらいろいろな音を耳にしながら，子どもたちは園生活を過ごしている。その中でも，保育者が発する音は子どもたちに大きな影響を与えている。

　保育者がさかんに笛を鳴らして，子どもたちを集めている光景を見たことがある。子どもたちは，聞こえていないのではないだろうが，笛の音に慣れてしまっているのか，いっこうに集まろうとはしない。これは，マラソンなどで走っている最中にも「ピッピ，ピッピ！」，体操座りをする際にも「ピッ！」，そしてお遊戯の合図でも，というように，頻繁に笛を鳴らし続けていた弊害だろうか，子どもたちにとって，笛の音が日常的に聞こえていたため，その状況があたりまえとなり，反応がなくなってしまったのである。

　また，活動の導入などで保育者が手遊びを行なっている際に，ある保育者は，どんな時でも正しい音程・リズムで歌っている。やはり，子どもは保育者が鏡であるから，保育者のように正しい音程，正しいリズムでの歌を歌いながら手遊びを行なっている。反対に，ただの導入であるとの考えであろうか，音程がはずれたり，リズムがずれたりしたままの状態で，手遊びを行なっている保育者もいる。そのような場合は，子どもたちの歌っている手遊びの曲や，音程，リズムはやはりはずれ気味である。

　片づけや整理整頓も同じであるが，生活経験の未熟な子どもたちは，まわり

にいる大人の影響を受けながら成長する。人的環境としての保育者は重要性を認識し、音を大切に聞き、慎重に発しなければならない。

　以上を踏まえて、毎朝毎夕歌っている朝の歌、帰りの歌なども、毎回正しく丁寧に弾き、歌い、聞かせたい。

(2) 保育者と子どもの楽しい合図

　保育者が、子どもたちにある行動を起こさせる合図として、音や音楽を使うことは有効な方法である。音や音楽で統制しているとの批判的な意見も一部にはあるが、保育者の工夫しだいで、そして、子どもたちと信頼関係がある限り、音や音楽は、その後の行動を楽しんで行なうための合図となる。たとえば、以下のような例が挙げられる。

- 保育者がピアノで低音を鳴らすと、子どもたちは「座る」。高音を鳴らすと「立つ」。
- ♪おかたづけの曲が鳴ると、保育者があえて「お片づけをしましょう」と言わなくとも、遊んでいたものを片づけ始める。
- 給食の配膳中に♪お眠りの曲を保育者が弾いたり、静かなクラシックの曲を流すと、配膳当番以外は、落ち着いて席に着きお眠りを始める。
- ♪とうばんさんの曲を保育者が弾くと、その日の当番は前に出てきて並び、♪ジャンと一度和音が鳴ると1人目が自己紹介し、また♪ジャンと鳴ると2人目が自己紹介していく。

　クラスによって、保育者と子どもたちの音を使った暗黙のルールが決まっていて、それによって行動するというのは、楽しいものである。このような暗黙のルールを使わずに、声でさまざまな指示を出す保育者もいるが、クラス全体をまとめるには、大きな声を出さなければならないこともしばしばであろうし、それでもまとめきれなくなることもあるだろう。音や音楽による暗黙のルールは、声を使ったものよりも、はるかに効率よく子どもたちに伝えることができるため、保育者が大声で子どもたちに指示をすることも少なくなるし、「先生と私たちだけがわかる合図」というのは、子どもたちにとってワクワク感が増し、心はずむ活動となる。

(3) 発する声の大切さ

　さらに保育者自身が意識しておくルールとしては、「保育者と子どもの声は

足して10」がある。クラスで歌を歌う時などに，保育者がいつも大きな声で子どもたちをリードしていれば，子どもたちは保育者に任せてしまい，いつまでも声が出ない。「保育者と子どもの声は足して10」と考え，子どもたちがまだ大きさ1くらいしか声が出ない頃は，保育者が大きさ9の声でリードし，子どもたちに大きさ6くらいの声が出てきたら，保育者は大きさ4の声にするというように，足したり引いたりしていくことが大切である。そのために保育者は，子どもたちの現在の声の段階がどれくらいなのかを，聞き分ける耳を持つ必要がある。

　一方，子どもたちにも，時と場合による声の大きさの使い分けのルールを伝えておくとよい。たとえば，1の声は内緒話，2の声はグループや隣にいる人と話す声，3の声は室内で発表をする時の声，4の声は戸外で遊ぶ時の声，5の声は外で遠くの人と話したり助けを呼んだりする時の声などである。これによって，声を出すにも状況に応じた心配りや意識が必要なことがわかるであろう。

3．園生活の中の音楽活動

　子どもたちの音に対する興味をさらに広げていくためには，音や音楽に自由に触れられるような環境づくりを，意図的に行なうことが大切である。

　まずは身のまわりにある，①大きさの異なる空き箱，②竹，木材，空き缶，プラスチック容器など素材の異なるもの，③ペットボトルの中に，米，大豆，砂や石を入れたものなどを保育室に置いておく。興味を持った子どもたちは，叩いたり，振ったり，鳴らしたりして，自然にそれらを使って遊ぶようになるだろう。さらに，最初は見向きもしなかった子どもが，友だちが遊んでいるのを見て興味を示すようになる。お互いが影響を与え合うという集団生活のすばらしさである。保育者は，箱の大きさや物の素材が異なったり，叩き方や振り方によって音に違いがあることを，それとなく知らせるとよい。

　このような身のまわりにある楽器で，音を出す楽しみを味わった子どもたちには，大きさが適していて音も鳴らしやすいカスタネット，鈴，タンブリンなどのリズム楽器を与えたい。指導方法としては，自由に持ち，鳴らして楽しむことを優先することもあれば，あらかじめ持ち方，鳴らし方をきちんと指導す

ることもあり，子どもの成長発達の過程や園の状況によって異なるであろう。しかし，どのような場合にもいえるのは，保育者が楽器を大切に扱っていることを示すことである。気持ちを込めて鳴らし，丁寧に置き，きちんと片づける。その姿をコピーしたかのように，子どもたちもまったく同じ動作をするようになるため，保育者はお手本としての自分を意識しておくべきである。

　自分で歌を歌ったり楽器演奏したりすることが楽しくなり，さらにグループやクラスでの合唱や合奏を行なうようになると，ひとりでするのも楽しいが，みんなでするとさらに楽しいことに気づくようになる。しかし，合唱や合奏となると，歌詞，メロディやリズムもだんだんと複雑になってくる。そして何よりも，他の人の声や演奏を聞きながら合わせていくという難しさが出てきて，とても一朝一夕にできるものではない。だからと言って，そのために一日中音楽活動ばかりを行なうというような，何か1つの活動に偏るべきではない。そこで，園生活の中で日頃から，手遊びと同じ感覚で，バナナ（♩♩♩𝄽）　チョコレート（♫♩♩𝄽）などと手拍子でリズムを刻んだり，合奏の楽譜の中に出てくる♩𝄾𝄽♩♩♩♩𝄽や♫♫♫𝄽♩♩𝄽などのリズムを手拍子で打ったりして，子どもたちのリズム感を養っておく。毎日のくり返しでできるようになったリズムを合わせたら，いつのまにか曲が完成していたというくらいに，無理なくすすめていきたいものである。

4節　学びの環境づくり

1. 子どもの遊びの中にある「学び」の環境づくりのために

　幼稚園や保育園（所）では，子どもが活動を楽しんでいるかどうかが重視されている。子どもが楽しんでいる姿を，意欲や主体性の表われととらえることは間違っていない。活動に楽しく取り組むことは必要条件といえる。しかし，子どもが楽しいと感じている活動の中に，成長のためのどのような要素があるかを，保育者が分析的にみることが，保育を展開するうえでのポイントになる。したがって，活動に含まれる学びの質や量を豊かにするのは，保育者の援助にかかっているといっても過言ではない。ここでは，子どもの学びの質や量を豊かにする環境構成や援助について具体的に考えていきたい。

2. 子どもの「学び」が豊かになる素材の準備

　子どもたちの遊びは，さまざまな素材と出会うこと，準備することで豊かになる。その中から，自分が作ろうとするもののイメージに最適な素材を選択する経験が，試行錯誤する楽しさにつながる。特に，幼稚園教育要領（文部科学省，2008）では，「他の幼児の考えなどに触れ，新しい考えを生み出す喜びや楽しさを味わい，自ら考えようとする気持ちが育つようにすること」が「環境」の内容の取り扱いで記され，「物事の法則性に気付き，自分なりに考えることができるようになる過程を大切にすること」が保育の内容として挙げられている。図4-2は，4歳児の8月（夏期保育）の環境構成図である。室内では，子どもたちの虫とりの経験から，カブトムシ，バッタ，トンボなどの小動物を表現するのに適した素材を，通常の製作コーナーの素材に加えて準備している。このように，子どもが関心を持っている対象を把握しておき，子どもがイメージを具現化しやすい素材を準備することが大切である。

　また，保育室では7月のおばけやしきの経験から，ダンボールのトンネルの製作遊びが続いている。子どもたちは2週間以上継続して，この製作活動に取り組んできた。その背後には，製作過程において子どもたちの言葉に耳を傾け，トンネルの形をカーブさせたり，窓をつけたりしたいというアイデアを実現するために，道具や素材を準備した保育者の援助があった。他のクラスの子どもたちもトンネルに入ることを喜び，自然な異年齢交流ができる空間となった。この活動を通しての子どもたちの学びは，3歳児にとっては自分が製作できないトンネルで遊べたことで，遊びの内容や方法が豊かになったこと，4歳児にとっては自分たちの製作物が認められ，さらに工夫しようとする姿がみられたことなどである。また，クラスを超えて遊びの仲間が広がり，子どもたちが互いにイメージしたことを活発に会話にする姿が見られたことも，学びが豊かであったことを裏づけている。

3. イメージの共有化と主体的な表現のための保育者の援助

　図4-2の戸外の環境構成図を見ると，裏の園庭，通称「裏山」にある小屋は，「おばけのモモちゃんのおうち」と書き込まれている。「おばけのモモごっこ」は，探検ごっこから始まったいわゆるクリエイティブ・ドラマに類似した遊び

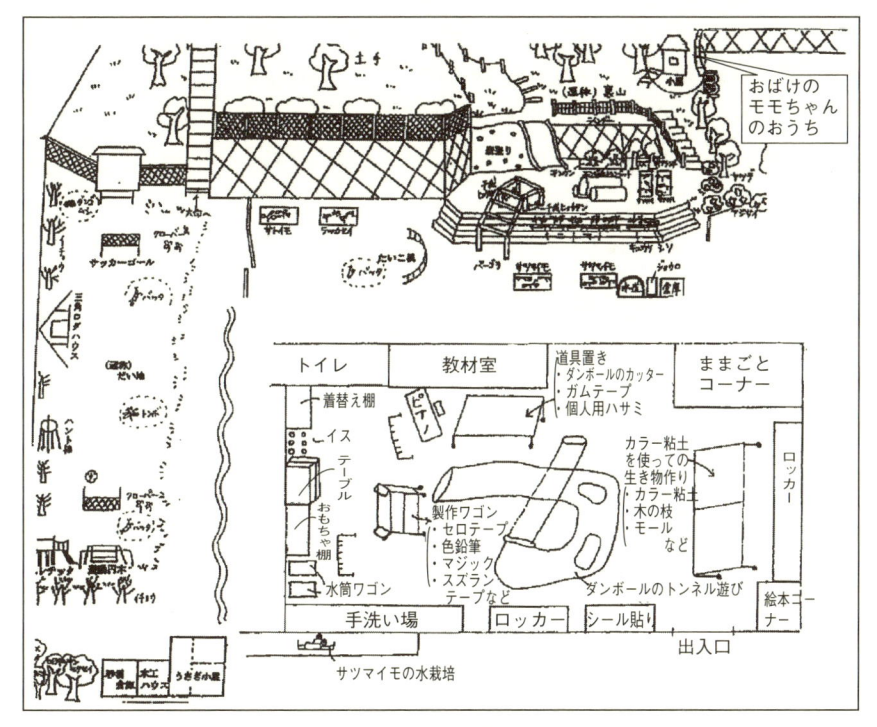

■ 図4-2　8月の4歳児・ことり組の環境構成図（大川，2005より一部抜粋）

である。探検ごっこで発見したおばけに絵本の「おばけのモモちゃん」と同じ名前をつけ，「裏山」の小屋に「おばけのモモちゃん」が住んでいるというストーリーを，子どもたちがつくり出した。この時点から，「裏山」の小屋は「おばけのモモちゃんのおうち」というイメージで，子どもたちはとらえるようになった。そして，裏山全体は，これまでの裏山ではなく，「おばけのモモちゃんのすむ森」として新しいイメージの共有が見られた。そして，「おばけのモモちゃん」のために小屋をそうじしたりするようになるのだが，一部の子どもたちの遊びであったことから，保育者はもっと多くの子どもとこの遊びを共有できないかと考えた。そして，一人ひとりの子どものイメージを豊かにするための援助として「おばけのモモちゃん」からの手紙という方法を用いた。その後，この遊びは4歳児の2つのクラスでイメージを共有するようになり，「おばけのモモちゃん」との手紙のやりとりを交えたごっこ遊びへと展開した。こ

の遊びを通して,これまで自分の思いをうまく表わせなかった女児が,絵や文字を使用した手紙という方法で,他の友だちに自分の考えや思いを伝えるきっかけとなった。また,この「おばけのモモちゃん」への手紙から,絵や文字を書く手紙遊びへの関心が高まり,子どもどうしの手紙ごっこに広がった。この手紙ごっこは,子どもたちの家庭へも広がって,「おばけのモモちゃん」へ手紙を書くことに,保護者も興味や関心を持ち,「モモちゃん,今度遊びに来てね。ママより」などのメッセージを子どもの手紙に添えるようになった。

　この事例では,個々の子どものイメージを伝え合うための適切な方法を示した保育者の援助が,遊びのイメージの共有化をもたらし,子どもたちが自主的に遊びを継続するきっかけとなった。また,「おばけのモモちゃんへ手紙を書きたい」というように,子どもが遊びの中で考えたことが,各家庭にも伝わると,子どもたちの学びを,保護者も楽しんで支援することができ,園と家庭との有効な連携ができることが明らかとなった。

4. ティーム保育で援助する主体的な遊び集団の形成

　子どもたちにとって好きな遊びの時間は,自分から興味や関心を持って環境と関わり,遊びや場所,友だちを自由に選択して,心や身体を働かせて活動を展開する大切な時間である。そのためには,保育者との信頼関係の構築と自由な雰囲気や場,時間の保障が必要である。特に,近年の少子化により,集団で遊ぶ経験の少ない子ども,室内でテレビやゲームなど創造性の少ない受身的な遊びで過ごしているケースが増えていることもあり,子どもたちだけでルールのある集団遊びを展開することが難しくなっている。

　次に,北九州市のS幼稚園で,好きな遊びの時間の援助の分担に関する園内研修を持ち,担任と担任をもたない保育者が有効に連携・協力をして,サッカー遊びを展開,発展した事例を紹介する。

【事例】サッカー遊び

①サッカーボールの蹴りあいで何となく時間をすごす

　新学期が始まって間もない5月,好きな遊びの時間に年中児2名が,サッカーボールの蹴り合いをしていたが,ただの蹴り合いで何となく時間をすごしている。

周囲では遊びを探している年長児がじっとその様子を見ているという子どもの姿から，保育者の連携方法の検討が始まった。
②年中・年長児合同のチームづくりとサッカーの試合ごっこへ
　当初（5月中旬）は，担任をもたない保育者が継続してシュートする場所や回数を子どもたちと相談することから始め，年中・年長児が約15名程度集まり，簡単な試合ができるようになった。しかし，ルールの理解度が違うため，幼稚園でサッカー遊びをする時の独自のルールを子どもたちとつくることになった（6月）。そのルールを保育者どうしが共通理解し，担任を持たない保育者だけでなく，どの保育者もサッカー遊びの審判や，トラブルが起こった時の対応ができるように留意した。
③年少児の参加と球入れ式サッカーごっこ
　9月になって年少児が，サッカー遊びに加わるようになると，あまりにも力の差があって，これまでのやり方では遊びとして成立しなくなった。年少児のクラス担任と相談し，複数のボールを使用するという球入れ式サッカーの方法に変更した。

　このように，異年齢の子どもたちがルールのある遊びをするためには，既成のルールの適用の確認や，新しいルールの提案が必要である。いわゆる昔の子ども集団のリーダーが，集団遊びの時にしていた役割を，保育者がモデルとして示す必要がある。子どもたちは経験を積み重ねることにより，規範意識が育ち，互いに思いを主張しつつも，自分の気持ちを調整する力が育っていく。
　また，園のさまざまな生活の場面でも，子どもたちが自ら決まりの大切さに気づいた時に，どのような決まりをつくるのがよいか話し合えるように，保育者は援助する必要性がある。たとえば，あるクラスで決まりをつくった時には，保育者全員に伝え，全員がその決まりを尊重することが必要な場合もある。以上のような配慮された環境の中で，子どもたちは社会の規範や秩序を学び，身につけていくと考えられる。

5節　友だちとの輪をつくる――人間関係づくり

1. 生得的な能力の発見

　乳幼児期の研究が進むにつれて，人間は生得的に他者と関わろうとする能力

を持っていることがわかってきた。人間は、生まれてすぐに自分の力で日常生活を送ることができない。そのため、人と関わることで、自分の生理的欲求を満たすことになる。後に乳幼児は「物」や「こと」を媒介に他者との関係を成立していく。子どもが人に対して関心を持つことによって、両者の間で何かを共有し、関係をつくる力が培われていく。

　子どもたちが園生活を通して友だちの輪をどのように広めていくのかを検討するとともに、保育の方法や手段を考えていく。

2. 成長する子どもの姿

　ここでは、子どもたちはどのように友だちとの関係を成立させていくのか、その中で保育者はどのような援助をする必要があるのかを考えていきたい。

(1) 0歳頃

　この頃、人間は最も成長する。寝ていた子どもが、自分の力で寝返りをうつようになる。ハイハイやつかまり立ちなどもするようになり行動範囲が広がる。

　この頃は手でつかんだものを口の中に入れてしまうので、まわりにいる大人は気をつけて見ていなければならない。たとえば、ハイハイしていて小さな木製の玩具を見つけると、口の中に入れてしまう。保育者は、あわてて子どもの口の前に手を出し「ぺーってしてごらん」とジェスチャーとともに示す。この意味を理解している子どもはすぐに口から物を出すが、理解していない子どもは首を横に振ったり、口を閉じてしまうこともある。その場合は、口の中に指を入れ玩具を取り出す方法も取らなければならない。

(2) 1歳頃

　歩行が可能になる。また、言葉も話すようになり、まわりにいる大人の気持ちから順に、相手の気持ちを理解できるようにもなる。大人が出かける前になると、子どもは自分のカバンにおもちゃの携帯電話、サングラス、腕時計などを用意する姿が見られた。

　0歳児よりも行動範囲が広がってくるため、けがなどに十分気をつけなければならない。特に台の上に登ったり、イスによじ登ろうとすることがあるので目を離さないようにする。

(3) 2歳頃

　発話が発達し，二語発話でも表現する。自分の意思も言えるようになり，何をするにも「じぶんで，じぶんで」と言うようになる。さらに大人が行動を指示すると「いや，いや」と言う。

　たとえば，保育者が着替えをしようと声をかけても遊びを中断しない。保育者が，「着替えてからまた遊んだら」と話しても，「これ（遊び）が終わったら」と言う。このような時には，根気よくつき合っていかなければならない。

(4) 3歳頃

　友だちと遊ぶよりも，好きな遊びをひとりですることが多い。このような姿は何日も，時には何か月も続くことがある。しかし，同じ遊びをしている友だちが集まり，そこで仲良くなる子どもたちもいる。この時点では，友だち意識はそれほど強いものではなく，単に同じ遊びをしている仲間というとらえ方が強い。人よりも物が中心である。

　たとえば，ひとりでブロック遊びをしている3歳児がいる。他の子どもたちがブロックのカゴを囲んでブロック遊びをしているが，それぞれが自分が作るものに夢中であり，まわりの友だちや友だちが作っているものに対しては興味を示さない。保育者は，子どもたちを無理に一緒に遊ばせるのではなく，ある子どもが「戦う剣を作ったよ」と言えば，保育者が，「○○ちゃん，上手に作ったね」とほめる。するとそれを聞いた子どもたちが寄ってきて，「ぼくも作りたい」「私も」「教えて」などと言うようになる。子どもたちは，個の遊びから少しずつ集団で遊ぶ楽しさを知っていくようになる。

(5) 4歳頃

　想像力が豊かになり目的を持って行動するようになるが，自分の行動やその結果を予測して不安になることも経験する。友だちとの関わりを喜ぶ一方で，けんかも絶えなくなる。しかし，その中でルールを守ることの大切さや身近な人の気持ちを察したり，自分の気持ちを徐々に抑えられるようになってくる。

　たとえば，ごっこ遊びをしている時に，ごっこの内容について話す。内容はどんどん広がる。いざ役柄を決めようとすると自分の意見を通そうとしてけんかになることがある。話し合えばわかることも，自分の気持ち，感情を抑えることができずに口論になることは多い。けんかが起きた時には，保育者がすぐ

にその中に入るのではなく，しばらく様子を見るようにする。保育者は問題の視点を質問して解決の方向へ導く。

(6) 5歳頃

5歳頃になると，友だちと一緒に遊ぶ楽しさを知るようになる。年長組になると仲の良い友だちや，グループの輪が大きくなり，さらに仲間意識が芽ばえるようになる。

たとえば，1つの活動をする時にグループをつくるようにもなる。仲良しグループで行動することもあれば，遊びが共通な友だちと活動することもある。仲の良い集団の中で，何か問題が起きたり，仲間はずれを見ることがある。保育者は，子どもたちの状況をよく見ながら，子どもたちとの対話を大切にし，質問し，会話して，問題解決の方向へと働きかけていくことが必要である。

3. 保育者として身につけておきたいこと

【事例】 3歳児

ある日，H男が「ハンドル」と言いながらイスをつなげてモノレールを作り遊び始めると，そこへB，C，D，F，Gが加わる。H男は，「運転手さん」と言いながら輪投げの輪をハンドル代わりにして回す。H男以外にも運転手さんになる子どもがいた。遊びは，子どもを中心にどんどん広がっていった。よくよく子どもの遊びを見ていくと，それぞれの運転手は異なった乗り物を運転していることがわかった。H男はモノレールの運転手さん，C男はパトーカーを運転しているおまわりさん，F男は電車を運転している人だった。同じ場所でハンドルを持っているにもかかわらず，個々が違う活動をしていたのである。その光景はとても3歳児らしい姿だった。

この事例から，言葉にすれば同じ「ハンドル」の遊びでも，子どもの一人ひとりが感じていることが異なっているのがわかる。遊びをしっかり観察してとらえていく必要がある。本来遊びは，子どもたちを中心につくっていくものである。それぞれの子どもに個性がある。したがって同じように見える遊びも個々に異なっていることを心得て，遊びを観察理解しなければけない。子どもが主体的に活動しているように見える遊びに対して，保育者の細かい配慮が必要と

される。保育者にはいわば裏方の役割があり、子どもの遊びの本質をしっかり見抜けるようになりたいものである。

4. 保育者の対応

園では、さまざまな子どもの姿が見られる。その解釈の仕方も保育者や時期によって異なる。

【事例】3歳女児
女児が泣いて登園し、なかなか親から離れない。保育室に入ってもイスに座って泣いているだけである。

この事例のような状況で、保育者としてどのように接するだろうか。以下のことなどが考えられるだろう。
・子どもが泣いているのでそのままの状態にしておく。
・無理やりにその女児を輪の中に入れようとする。
・子どもが興味を持っていることに注目させ、気持ちを引き出して、大人（保育者）と信頼関係を結ぶ。

方法は1つではなく、どの時点で関わるかによっても問題意識は異なるだろう。

【事例】3歳男児
男児は母親と登園するが、保育室の前が近くなってくると母親にしがみつき離れない。そして声を出して泣く。保育者の日頃の観察によると、この男児には得意なことがあった。それは、ブロックで長い望遠鏡を作ることだった。保育者はこの男児をブロックのある場所へと誘った。そして、しばらく保育者と一緒に遊ぶうちに望遠鏡らしきものができた。するとまわりの子どもたちが、「教えてほしい」とそばに寄って来た。そのことにより、男児は自分で友だちをつくることができたのである。よく考えてみると、保育者が男児の得意な遊びを見つけ、それが男児の自信につながり、そして友だちをつくるところまで発展したのである。

保育者が，子どもの気持ちを無視して積極的に子どもたちの輪の中に入り関係をつくることは，子どもたちの自主性・積極性などを養うことができない。何よりも子どもたち自身で遊びをつくることができなくなる。一方で子どもの立場を考えずに母子分離できない子どもや友だちと遊べない子どもをそのままにしておくこともよくない。保育者が，このような状況に立った時にどのような行動をとり，どのようにふるまうかということも考えていく必要がある。

【事例】　いざこざ
　保育室でＤ男は，荷物を運ぶカートを見つける。それを見たＥ男も使いたいと取り合いをする。Ｄ男は「ぼくが先に見つけた」と言うが，Ｅ男も負けずに「ぼくが先」と言う。２人でカートの取り合いしているところへ保育者がやって来る。保育者が，「代わりばんこに使えばいいじゃない」と言う。するとＤ男もＥ男も納得し，Ｄ男は「Ｅくん，代わりばんこに使おう」と話す。

　このように，保育者がちょっとしたアドバイスをすることにより，けんかやいざこざは解決された。この解決の方法はよく行なわれる。自分たちで解決の方法を考え出すように導き，そういったことがやがて習慣となるように，ごく幼い時から保育者は心がけて接していくことも大切である。
　子どもは集団社会をすぐに形成することができないのである。自分の乳幼児期の記憶が薄れてしまっている大人（保育者）は，集団遊び，集団社会の形成過程を改めて学び直す必要がある。

5章 小学校教育を見通した保育過程の構想

1節 総合的活動としての運動遊び

　乳幼児期の運動遊びは，健康や体の育ち，身体的な能力を高めるための手段としてではなく，自己調整や自己概念，社会性や情緒，知的な発達などの側面と深く関連している。保育においてはさまざまな活動を子どもが遊びとして経験することにより，心身共に調和のとれた発達を目指している。大切なのは遊びとして取り組む過程で，その結果として動きの獲得や技能の向上が伴うのである。

1. 体育科との連続性

　運動遊びにも，小学校以降の学習のもとになる多くの学びや発達に必要なさまざまな経験がある。これらの視点を意識して活動の意味や子どもの育ちをとらえていく必要がある。

（1）運動発達から見た連続性

　運動遊びと直接的に結びつき，最も理解しやすいのが小学校教育の「体育」であろう。子どもの運動発達の特徴からすれば，幼児期から小学校低学年くらいまでが1つの段階となる。その意味では，この時期の発達の特徴を理解し，小学校体育科の目標や内容をとらえておくことで，幼児期にふさわしい運動遊びを見通しを持って位置づけることができる。

　幼児期から小学校低学年頃にかけての運動発達の特徴は，基本動作の習得と基本動作の洗練である。いろいろな動きができるようになる（習得）とともに，それら一つひとつの動きの無駄がなくなりスムーズなものへと変容（洗練）す

る過程がみられる。動作の習得や洗練にはそれぞれの動きの経験が必要である。つまり、さまざまな遊びを経験することがさまざまな動きを経験することになり、その結果多様な動きの獲得がなされる。偏った遊びばかりでは特定の動きしか経験していないことになる。保育における活動は「遊び」が中心である。動きの獲得の敏感期であるからといって、特定の動きの獲得のみをねらった画一的な指導ではなく、あくまでも「遊び」としての指導、遊びという活動の中で結果として動きの獲得がなされることが望まれる。

　一方、小学校体育の低学年では、「運動遊び」が内容の中心であり、基本的な動きを身につけることが目標になっている。鉄棒での逆上がりやマットでの前転ができなければならないということではなく、特定の技能を身につけることをねらっているわけではない。表5-1は小学校体育の低学年の目標と内容である。走る、跳ぶ、転がす、投げる、押す、引くなどの基本的な動きを行なうことが示されている（表5-1の一重下線参照）。これらの基本的な動きは、幼児期の運動遊びの中でも経験されているものである。すなわち、幼児期に体を使った多様な運動遊びの経験が、小学校での体育へとスムーズにつながっていくのである。

(2) 心の育ちから見た連続性

　運動遊びの特徴の1つに、集団での遊びを挙げることができる。集団遊びでは複数の友だちと関わって協力したり、競争したり、ルールを共有したりする。入園当初は保育者とのつながりが強い子どもも、しだいに物を介して友だちと関わり、さらには友だちどうしとのつながりへと関係が広がっていくようになる。1つのことを協力したり成し遂げたりすることを通して仲間意識が深まり、集団での活動をさらに広げていくようになる。

　集団遊びでは、お互いに自分の気持ちを伝えようとするが思いがうまく伝わらなかったり、思いが強く出てしまうことでぶつかり合うこともある。友だちどうしの関わりが希薄になったといわれる中で、園生活を通して経験できるトラブルなどの状況は、子どもの心理的な発達においては非常に重要である。保育者はそれぞれの思いを聞き、相互に伝えていく中でそれぞれの思いやイメージをつないでいく援助が必要であろう。思いがぶつかり合う経験を通して子どもは自分の気持ちをコントロールすることを学んでいく。

5章　小学校教育を見通した保育過程の構想

■ 表5-1　小学校体育低学年の目標および内容（小学校学習指導要領 2008年3月28日公示）

第1　目標
　心と体を一体としてとらえ、適切な運動の経験と健康・安全についての理解を通して、生涯にわたって運動に親しむ資質や能力の基礎を育てるとともに健康の保持増進と体力の向上を図り、楽しく明るい生活を営む態度を育てる。

第2　各学年の目標及び内容〔第1学年及び第2学年〕
1　目標
　(1) 簡単なきまりや活動を工夫して各種の運動を楽しくできるようにするとともに、その基本的な動きを身に付け、体力を養う。
　(2) だれとでも仲よくし、健康・安全に留意して意欲的に運動をする態度を育てる。
2　内容
A　体つくり運動
　(1) 次の運動を行い、体を動かす楽しさや心地よさを味わうとともに、体の基本的な動きができるようにする。
　　ア　体ほぐしの運動では、心と体の変化に気付いたり、体の調子を整えたり、みんなでかかわり合ったりするための手軽な運動や律動的な運動をすること。
　　イ　多様な動きをつくる運動遊びでは、体のバランスをとったり移動をしたりするとともに、用具の操作などをすること。
　(2) 運動に進んで取り組み、きまりを守り仲よく運動をしたり、場の安全に気を付けたりすることができるようにする。
　(3) 体つくりのための簡単な運動の行い方を工夫できるようにする。
B　器械・器具を使っての運動遊び
　(1) 次の運動を楽しく行い、その動きができるようにする。
　　ア　固定施設を使った運動遊びでは、登り下りや懸垂移行、渡り歩きや跳び下りをすること。
　　イ　マットを使った運動遊びでは、いろいろな方向への転がり、手で支えての体の保持や回転をすること。
　　ウ　鉄棒を使った運動遊びでは、支持しての上がり下り、ぶら下がりや易しい回転をすること。
　　エ　跳び箱を使った運動遊びでは、跳び乗りや跳び下り、手を着いてのまたぎ乗りや跳び乗りをすること。
　(2)(3) 略
C　走・跳の運動遊び
　(1) 次の運動を楽しく行い、その動きができるようにする。
　　ア　走の運動遊びでは、いろいろな方向に走ったり、低い障害物を走り越えたりすること。
　　イ　跳の運動遊びでは、前方や上方に跳んだり、連続して跳んだりすること。
　(2)(3) 略
D　水遊び
　(1) 次の運動を楽しく行い、その動きができるようにする。
　　ア　水に慣れる遊びでは、水につかったり移動したりすること。
　　イ　浮く・もぐる遊びでは、水に浮いたりもぐったり、水中で息を吐いたりすること。
　(2)(3) 略
E　ゲーム
　(1) 次の運動を楽しく行い、その動きができるようにする。
　　ア　ボールゲームでは、簡単なボール操作やボールを持たないときの動きによって、的に当てるゲームや攻めと守りのあるゲームをすること。
　　イ　鬼遊びでは、一定の区域で、逃げる、追いかける、陣地を取り合うなどをすること。
　(2)(3) 略
F　表現リズム遊び
　(1) 次の運動を楽しく行い、題材になりきったりリズムに乗ったりして踊ることができるようにする。
　　ア　表現遊びでは、身近な題材の特徴をとらえ全身で踊ること。
　　イ　リズム遊びでは、軽快なリズムに乗って踊ること。
　(2)(3) 略〔後略〕

下線は筆者による　一重下線：基本的な動き　二重下線：態度など

注釈：
- 運動を楽しく行なっていく中で、①基本的な動作を身につけること、②体力の養成を図る。
- 協力や公正、健康や安全、意欲的に運動する態度など、運動を実践する際に必要な態度のねらい。
- 回る、寝ころぶ、起きる、座る、立つ、這う、歩く、走る、跳ぶ、はねる、つかむ、持つ、下ろす、回す、転がす、くぐる、運ぶ、投げる、捕る、押す、引く、運ぶ、支えるなどの動きで構成される運動遊びを通して……
- いろいろな登り下りや懸垂移行、渡り歩きや跳び下りをして遊んだり、逆さ姿勢などをとって遊んだりする。
- いろいろな方向へ転がって遊んだり、手や背中で支持しての逆立ちなどをして遊んだりする。
- 跳び上がりや跳び下りをして遊んだり、ぶら下がりや回転などをして遊んだりする。
- 跳び乗りや跳び下りをして遊んだり、馬跳びやタイヤ跳びをして遊んだりする。

態度
思考・判断

集団遊びでは，子どもたち自身でルールを考えて発展させたり，方法を決めたりする。画一的な方法で指示され，やらされている活動においてはこのような姿は見られない。また，決まりやルールが含まれるものが多くあるが，遊びの中で自分がどのようにすればよいのかを考えたり，人として絶対にしてはならないことなどを理解したりする機会にもなっている。

　小学校体育の目標には，動きを身につけ体力を養うという他に，運動を実践する際に必要な態度のねらいが示されている。ここでは，協力や公正，健康や安全，意欲的に運動するといった態度や，簡単な決まりや活動，遊び方を工夫するなど自ら学び，自ら考えるといった思考や判断力の育成をねらっている（表5-1の二重下線参照）。領域人間関係では「いろいろな遊びを楽しみながら物事をやり遂げようとする気持ちをもつ」「友だちと楽しく活動する中で，共通の目的を見いだし，工夫したり，協力したりなどする」などの内容があるが，これらに限らず幼児期に育つことが望まれる心情，意欲，態度が小学校での学びにつながっている。幼児期の「遊び」こそが子どもの意欲を引き出し，創意工夫することを可能にしていく。運動遊びを通して動きの獲得のみならず，人間関係をはぐくみ，社会性の発達，ルールの理解，創造的思考といったさまざまな心理的発達が促されるのである。

2. 他の教科との連続性

　運動遊びは「体育」との関連が大きく意識されるだろうが，体育とだけ関連しているわけではない。ブランコは振り子，シーソーはバランスなど，将来的には物理で学ぶような原理を体感している。人数調整したり，ドッジボールのコートを作る際には足し算や引き算，割り算などもしている。大きさの違う積み木の高さを揃えて積み上げることには，図形の基礎が埋め込まれている。水遊びでは水を扱う経験を通して，浮力をはじめとするさまざまな水の性質を体感している。体を使って遊んだあとは汗をかいたり，水が飲みたくなったりする。これらの体験を通して身体の仕組みを理解していくことにもなっていく。

　このように遊びの中には小学校以降の学習につながる学びの基礎がたくさん埋め込まれている。子どもは難しい公式や原理など知る由もないが，自ら体験する中でその後の学びの基礎になる科学的な体験をし，感覚的に理解している

のである。

 今日，多くの専門職において EBP（Evidence Based Practice：根拠に基づいた実践）の重要性が指摘されていることから，幼児教育の専門家である保育者においても，科学的根拠に基づいた保育実践を行なう必要性が指摘されている（北野，2004）。子どもは「ただ遊んでいる」だけではない。活動を表面的にだけとらえるのではなく，その活動で子どもたちがどのような経験をしているのかを読み取っていく必要がある。遊びの中に埋め込まれた非常に多くの学びの原点を保育者が意識し，子どもに気づかせていくような関わりも必要である。

2節 音楽教育活動

 幼児期にふさわしい音楽教育活動を行なうことが，小学校音楽科との連続性を考えるうえでまず必要である。本節では，歌唱活動を取り上げて，保育における望ましい音楽教育活動について考える。

1. 子どもの歌唱行動の特質

 子どもにとって，歌詞とリズムを正確に歌うことは容易であるが，音高・音程を正確に歌うことは困難であることが明らかにされている。吉富（1982）は，4歳児104名と5歳児124名を対象として，「メリーさんのひつじ」を無伴奏歌唱させて，その歌声の正確さについて検討した。その結果，歌詞を間違えた子どもは4歳児24名（23.0％），5歳児15名（12.1％），リズムを間違えた子どもは4歳児4名（3.8％），5歳児1名（0.8％）であった。一方，音程を間違えた子ども（5段階評価の4以下）は4歳児87名（83.7％），5歳児60名（48.4％）であった。この結果から，子どもにとって音程を正確に歌うことは歌詞とリズムを正確に歌うことよりも困難であることが明らかになった。

 このように子どもの歌唱における音高・音程は不正確であるものの，それは学習によって改善されることも明らかにされている。Jersild & Bienstock（1931）は，3歳児の2群（統制群と実験群）を対象として，トレーニングが音高と音程の正確さに及ぼす影響について検討した。実験群に対するトレーニ

ングの内容は，実験者が用意した曲を実験者とともに歌うことであり，週2回（1回10分間），6か月間行なわれた。トレーニングの効果を測定するために，音高と音程の再生テストを行なったところ，プリテストからポストテストへの成績の伸びは統制群よりも実験群のほうが高かった。この結果から，3歳児でトレーニングが音高と音程の正確さに有益な影響を及ぼすことが明らかになった。

先行研究で得られた知見を考慮すれば，保育における適切な歌唱活動のあり方によって，子どもの歌唱の正確さは改善するものと考えられる。以下では，基礎研究から得られた知見をもとに，幼児期にふさわしい歌唱活動について述べる。

2. 子どもの声域に配慮した選曲

声域，すなわち対象とする人が歌うことのできる最高音と最低音の幅は，成人と比較して子どもはかなり狭い。したがって，保育者が子どもの声域に適した曲を選択することは重要である。

吉富（1983）は，2つの幼稚園の4歳児と5歳児233名を対象として声域を測定した。対象児がかすかにでも歌える音までを有効データの対象とし，これを「歌唱可能声域」と呼び測定した。その結果，50％以上の対象児が歌唱可能な声域は4歳児A3〜G♯4，5歳児A3〜B4であった。このように子どもの声域は狭く低いものであり，この実態を考慮した選曲が求められる。

歌唱教材曲集の中から曲を選ぶ際には，曲の音域が子どもの声域に適しているかどうかを確認する必要がある。その際，特に最高音には注意したい。水﨑（2008a）は，現在市販されている曲集の中に，最高音がG♯5以上の曲が含まれていることを明らかにしている。このような曲は，子どもにとって歌うことが困難であり選ぶことは避けたい。表5-2は，よく歌われる曲の中で子どもの声域に適した曲の一部である。原調が高い場合は移調して音域を示している。選曲の際の参考にしてほしい。

3. クラス歌唱中における個別歌唱の実態

保育の出発点が「子どもを見ること」であり，保育における歌唱活動の出発点は「子どもの歌声を聞くこと」だといえる。歌声をよく聞かなければ，どの

■ 表5-2　子どもの声域に適した曲

曲名	作詞・作曲	音域	曲名	作詞・作曲	音域
ちょうちょう	野村秋足作詞 スペイン曲	C4〜G4	おひさまきらきら	まど・みちお作詞 越部信義作曲	D4〜B4
ぶんぶんぶん	村野四郎作詞 ボヘミア曲	C4〜G4	シャベルでホイ	サトウハチロー作詞 中田喜直作曲	D4〜B4
かえるのがっしょう	岡本敏明作詞 ドイツ曲	C4〜A4	ひよこちゃんのやまのぼり	まど・みちお作詞 有島重武作曲	D4〜B4
きらきらぼし	武鹿悦子作詞 フランス曲	C4〜A4	ぽかぽかてくてく	阪田寛夫作詞 小森昭宏作曲	D4〜B4
チューリップ	近藤宮子作詞 井上武士作曲	C4〜A4	ゆかいなまきば	小林幹治作詞 アメリカ曲	D4〜B4
パンダ・うさぎ・コアラ	高田ひろお作詞 乾裕樹作曲	C4〜A4	おんまはみんな	中山知子作詞 アメリカ曲	C#4〜B4
イルカはザンブラコ	東龍男作詞 若松正司作曲	C4〜B♭4	こぶたぬきつねこ	山本直純作詞 山本直純作曲	C#4〜B4
きのこ	まど・みちお作詞 くらかけ昭二作曲	C4〜B♭4	空にらくがきかきたいな	山上路夫作詞 いずみたく作曲	C4〜B4
しあわせならてをたたこう	木村利人作詞 アメリカ曲	C4〜B♭4	ともだちさんか	阪田寛夫作詞 アメリカ曲	B3〜B4
せんろはつづくよどこまでも	佐々木敏作詞 アメリカ曲	C4〜B♭4	あの青い空のように	丹羽謙治作詞 丹羽謙治作曲	A3〜B4

ような歌唱活動が望まれるのかを考えることはできない。

　水崎 (2008b) は，クラス歌唱中における個別歌唱の実態について，4歳児15名と5歳児18名を対象として検討した。『地球はみんなのものなんだ』(山川啓介作詞，いずみたく作曲) を保育者の伴奏に合わせてクラス全員で歌唱してもらい，その際のクラス全体の歌声と一人ひとりの歌声を同時に録音し，その歌声を，「歌唱状況（歌っているかどうか）」と「音高（正確な音高で歌っているかどうか）」について5段階で保育者に評定させた。表5-3には，3名の評定者による平均値を示している。4歳児の歌詞では，全体 (4.67) よりも1以上低く評定された子どもが5名であり，音高では，全体 (3.67) よりも1以上低く評定された子どもが10名であった。5歳児の歌詞では，全体 (5.00) よりも，1以上低く評定された子どもが3名であり，音高では，全体 (3.67) よりも，1以上低く評定された子どもが11名であった。

■ 表5-3 全体と個別の歌声の評定平均値

評定項目		4歳児		5歳児	
		歌唱状況	音高	歌唱状況	音高
全体		4.67	3.67	5.00	3.67
個別	1	5.00	4.33	4.67	4.67
	2	5.00	3.33	5.00	3.67
	3	4.67	3.33	5.00	3.67
	4	4.00	4.00	4.33	4.00
	5	5.00	2.67	5.00	3.33
	6	4.33	3.00	5.00	3.33
	7	4.67	2.33	5.00	3.00
	8	4.33	2.33	5.00	2.33
	9	4.00	2.00	5.00	2.33
	10	3.33	2.33	5.00	2.00
	11	4.00	1.33	5.00	2.00
	12	3.00	2.00	4.33	2.67
	13	3.67	1.33	5.00	1.67
	14	3.67	1.00	4.67	2.00
	15	2.00	1.67	5.00	1.33
	16			3.67	1.67
	17			2.33	2.67
	18			3.00	1.00

　クラス全体の歌声では，ほとんどの子どもが歌っており，大部分は正しい音高で歌っていると評定されていても，中には一部分しか歌っていなかったり，不正確な音高で歌っている子どもが少なからずいることを示している。つまり，クラスの中には歌えない子どもが存在しているのである。

　歌唱に困難を感じている子どもは，保育者が全体の歌声を聞いているだけではほとんど気づかれない。何らかの方法によって，歌声を聞くことが必要になる。

4. 子ども一人ひとりの実態を重視した歌唱活動

　保育者の伴奏に合わせてクラス全員で歌唱する活動では，大きな声で歌っている子どもの歌声を聞くことはできても，それ以外の子ども一人ひとりの声を

聞くことは困難である。子どもの実態を把握するための工夫として2点を挙げる。

まず第一に，録音伴奏の利用を提案する。保育者が伴奏を間違えないように，楽譜や鍵盤ばかりを見て注意力を割かれている状態では，子ども一人ひとりの実態を把握することはできない。そこで録音伴奏を用いて，保育者が伴奏を弾かない活動を提案する。電子ピアノやキーボードに内蔵されている機能を用いて，あらかじめ曲を録音しておき，それを保育中に使うのである。ピアノしかない場合は，MDやカセットテープに曲を録音しておき，それを使用する。保育中に伴奏を弾かない代わりに，保育者は歌っている子どものすぐそばにまで行って，どのような歌声で歌っているのかをよく聞くことができる。

第二に，グループでの歌唱活動を提案する。歌う人数が少なくなればなるほど，個別の歌声の把握は容易になる。そうなると，常にクラス全員で歌うという活動そのものを見直す必要がある。クラス全員で歌う代わりに，グループでの歌唱活動を取り入れることを提案する。この活動によって，誰がどのように歌っているのかを把握できるようになる。グループでの歌唱活動は，保育者が個々の実態を把握できるだけではなく，子どもの歌声を改善する効果も認められている（Rutkowski, 1996）。この知見を考慮すれば，クラス全員にこだわることなく，グループでの歌唱活動を取り入れるほうがよいであろう。グループでの歌唱活動を取り入れる際は，子どもが緊張し不安を感じないような配慮が求められる。たとえば，大型積み木などで小さなステージを作り，手作りのスタンドマイクを立て「コンサートごっこ」のような遊びを通して取り入れる方法がある。

子ども一人ひとりの実態を把握する際は，ただ聞くだけではなく，何らかの方法で記録することが望まれる。このような記録が基礎資料となり，「歌っている曲の難易度が子どもに本当にふさわしいのかどうか」や「どのような指導が必要か」などを考えることを可能にする。個を重視した歌唱活動は，子どもの歌唱能力をはぐくむことにもつながると考える。

3節 製作活動と表現教育

1. 造形教育の必要性

　親子工作の場面で，親がほとんど作ってしまったという笑い話がよくある。互いに楽しい時間を持てたなら親と子の遊びという目的は達成される。ところが，子どもの表現を援助する専門的立場になると，保育者は子どもの発想や活動，やり遂げるところまでを活動の過程として，子ども自身を支え続けなくてはならない。保育者や友だちの中で，子ども自身が考えて行なう活動はとても大切である。小学校入学時までには，用具や材料の準備，片づけなど基本的な習慣や能力を育てたい。特に造形では一歩間違えると，いつも順番に活動を指示していく指導は従順なだけで主体性のない子どもを育て，また，子どもの自由や自立という放任は協調性のない子を育てることがある。幼児期に子ども一人ひとりにとって適切な保育をバランスよく行ない，人生の土台をしっかりとつくっておけば，子どもは小学校で新たな経験の広がりを楽しめるようになる。

　小学校1年生にとって図工は待ち望まれる時間である。小学校入学という劇的な環境の変化を受け入れ，活動を楽しめる子どもたちを育てるためには，幼児教育はその土台となる重要なものである。幼稚園・保育所の造形活動で得た小さな自信が「できるから大丈夫」と，小学校に入学したばかりで不安な時期の子どもを支えていたという事例もある。子どもの人生の土台づくりをともに手伝える表現教育を行ないたい。

2. 造形教育のとらえ方

　小学校教育を見通した造形表現を考える際に明確にしておきたいことがある。小学校では図画工作科という教科の中に表現と鑑賞という領域がある。幼稚園や保育所などには教科はない。そして，子どもの造形教育は「具体的な活動を通して総合的に指導される」（文部科学省，2008）とされ，表現領域にありながら小学校よりも多くの場面で子どもの生活や人間形成の基盤となる活動をはぐくんでいる。小学校以上の造形教育においても人間形成は重要な課題であるが，乳幼児期の造形遊びは教科という枠組みを取り除いた分だけ，子どもの日常に即して発達を促す。乳幼児は素材を舐めて確かめたり，やりとり遊びをす

■ 図5-1　アイスを食べにきたのはだ〜れ？

■ 図5-2　指絵の具（中間東・中間南幼稚園・中間みなみ保育園）

る。めやすとして，2歳頃からはイメージが持てるようになるのでごっこ遊びが始まり，3歳頃には素材の感触遊び，4歳頃にはわかりやすい絵を描けるようになる。そして5歳頃には集団での造形もダイナミックにできるようになる。こうした活動も，造形遊びや展開する表現活動の過程で，自己表現と同時に，子どもどうしの関係や言葉を自然に生み出す機会となっている。就学前教育における造形表現は，子どもの発達を促す役割が強い。

3. 造形教育において小学校までに身につけたいこと

　ここでは造形教育において小学校までに求められる土台について説明したい。第一は表現する楽しさを知っていること，第二は素朴に描いたり，作ったり遊びに使ったりできるようになる基礎技能の獲得，第三は自ら探求する主体的姿勢を持てることが，幼児教育における土台と考える。

(1) 表現する楽しさを知っていること

　子どもたちにとって絵や素材で遊んだり表現したりすることは，子ども自身がはぐくんだ内なるイメージや考えを体全体で表に出すことである。こうした表現はくり返し行なわれ，時に失敗もしながら積み重ねられ形となる。たとえば，泥団子を作る行程では，握れる量の土を取り，手のひらや指，手全体で均等に力を入れて丸くする。適度な量，力加減でしっかりと握っていくことで泥団子は固まり，しだいに丸い形になる。慣れてくると水をかけて土に湿り気を持たせたり，細かい砂を探してきてはかけたりしながら子どもはイメージする形を追求し，形にして満足する。小さくてつるつるのお団子，大きくてごつごつした表面のお団子，こだわりは並べてみると一目瞭然である。

　この過程が子どもたちにとって重要である。子ども自らさまざまな素材と向き合う基礎的な造形経験をすることなしに，テーマを表現しましょうと言われても，子どもは表現できず，自信を失ってしまう。まずは，子どもたちが自ら満足できるまでさまざまな素材，用具，方法でやってみることから表現は生まれ，達成感も生まれる。保育者は子ども自身のペースで表現できる環境とゆったりした時間を確保し，子どもに試行錯誤と成功，小さな失敗を保障してあげたい。表わすことの楽しさを乳幼児期から知っておくことで，しだいに子どもの思いは形となり，言葉，文字となる。

(2) 基礎技能の獲得

　子どもが表現する喜びを継続させるためには，保育者による適切な援助が必要である。遊びの内容，素材，方法，空間づくり，保育者の言葉がけなど，必要に応じた指導は欠かすことはできない。パスやペンの持ち方，はさみやのり，セロハンテープやボンドの使用などの基本的な材料用具についての指導も行なう。年齢に応じた最低限の指導があってこそ子どもの表現は安全になり，自由になる。ある園で，左利きの子どもが右手用はさみを無理に左手で使うので紙をうまく切れないとう状況を見たことがある。用具の使用は子どものやる気と表現を支えている。

　また，保育現場でやたらと子どもに背伸びをさせた活動をしていることがある。たとえば，パレットを使った絵の具の個々の指導，釘を打つような遊びは，小学校の3年生くらいで指導されるものである（日本児童美術研究会，2005）。

安易に早急な指導をすることは問題である。子どもは教えればかなりのことができる。しかし、子どもたちが興味を持っているか、下地となる経験があるか、目の前の子どもを見て保育者は考えてほしい。経験の系統性として釘を打って遊ぶなら、事前に積み木や木の実を使った遊びやボンドで異なる素材を接着する経験はしておきたい。パレットの指導をするなら指絵の具や色水遊び、溶き絵の具でのびのび描く遊びも必要である。子どもたちの経験と興味から遊びは継続・発展する。

　幼児期は人生においてその基盤をつくる時である。まずは、誰もが安心して描くこと、工夫すること、くり返し試せること、友だちと一緒に遊ぶことなどが、その子らしく豊かな心を育てる。子どもにいつも背伸びをさせること、ねらいや系統性のない保育をすることは問題がある。もちろん、新しい材料素材や用具との出会いも大切である。どの子にも成長を急かさず、興味ある遊びを通して成長を見守っていくことを心がけたい。そのことが小学校においても子どもの自由を獲得した表現として子どもに自信を与えることになる。

(3) 自ら探求する主体的姿勢

　子どもは生活の中で、自ら感じ、考えながら成長している。子どもは生まれながらにして教えられなくてもパスと紙があればなぐり描きをするようになるし、継続して描く環境を与え続ければ一定の段階までは世界共通に描画における発達を遂げていく。なぐり描きからは体のバランスや腕の筋力など心身の発達がわかり、描いた形を指して「ママと○○ちゃん」というような意味づけが生まれてくれば、イメージして遊べるようになってきたといえる。

　ただし、Wilsonらは、本のイラストやコミックなど大人による美術環境がほとんどないエジプトのナヒアでは、描画は子どもどうしで伝達されて発達するのみであり、視覚的影響が少ないため図的に低下した決まったスタイルになると述べている（Wilson et al., 1987）。つまり、子どもは文化に即した適当な環境と教育を与えることで、自ら発達していく力を発揮していくといえよう。

　子どもが環境に能動的に働きかけていく姿勢は、乳幼児期にすでにはぐくまれている。小学校の学習に関心を示すには、幼児期に目をきらきらさせて保育者の言葉や素材に興味を示し、楽しく遊べることがその土台となる。造形を楽しむには、環境と出会い、選択し、試し、イメージをともにつくり、自信をつ

ける過程を，子ども自身の力で切り開く経験をしなくてはならない。保育者が一人ひとりの子どもの心に寄り添うことで，子どもは安心して周辺環境を積極的に探索し，自らの力で表現を楽しむようになる。友だちに気づき，活動をまねることは新たな表現の獲得と発見になる。子どもが自ら表現をしていく姿勢が大切である。

　以上，小学校就学前の造形表現の教育においては，子どもが生きていくための基礎となる表現力を乳児や子どもにふさわしい活動の中でじっくりと取り組む機会を持つことを大切にしたい。子どもの造形表現の教育は，遊びとつながったものとして取り組むことで個々の表現は豊かになり，集団での表現を楽しめるようになる。子どもが喜ぶ造形表現の機会を日々の生活の中で保障したい。

4節　幼児期に経験しておきたい科学と科学遊び

1. 子どもの遊びの中にある科学

　ここでは，大人がどのような構えで子どもの遊びと関わることが大切なのか，ということを中心に述べる。なぜなら，科学や科学遊びを展開する場はそれこそ，子どもたちの遊びの中に山のようにあるからである。

2. 遊びの過程に含まれている楽しさへの気づき：花火遊びの場面から

　夏の風物詩，花火。公園や庭先で花火遊びに興じる親子を時おり見かけることがあり，ほのぼのとした気持ちになる。その場面をじっくり見てみよう。おもしろいことがわかってくる。

　花火遊びの主役は，子どもではなく，なんと大人なのである。

　マッチを擦ること，ロウソクに火を灯すこと，さらにロウソクの火から花火に点火すること，風でロウソクの火が消えないように囲いを作ってあげること，すべて大人が子どものために，よかれと思い大活躍している。子どもの出番は，火のついた花火を受け取る時にようやく回ってくる。そして子どもたちはニコニコしながら，花火の出す光に見とれる。それを見た大人は満足し，さらにせっせと次の花火にロウソクの火を点火してあげている。

　ここで考えたいことは，子どもにとっての花火遊びに含まれている楽しさは，

単に火花に見とれるだけなのか，ということである．もちろん，美しい火花を見ることも楽しいであろう．けれども，それと同じくらい，いや，もしかしたらそれ以上にマッチを擦る楽しさ，マッチの火をロウソクに灯す楽しさ，風でロウソクの火が消えないように，適した場所を見つけたり，囲いの向きを考えたりする楽しさ，そして，ロウソクから花火に点火する楽しさが，花火遊びには含まれているはずである．

　大人がよかれと思ってやっていることが，またとない学びのチャンスを子どもから奪っているという皮肉な事実に，まずは私たち大人は気づかなければならない．

3．レストランのお客様からの脱却

　花火遊びのような例は，山ほどある．凧作り教室では，竹ひごを適切な長さに切ること，和紙を貼り付けることが大人の役目．凧に絵を描くことが子どもの役目．凧ができあがったら走って空中に凧を安定させるまでが大人の役目，その凧を引き取ることが子どもの役目．ドングリゴマ作りでは，ドングリに穴を開けることや軸の長さを調節すること，長く回りそうなドングリを選ぶことが大人の役目．それをもらって回すのが子どもの役目．

　子どもたちは，料理が運ばれてくるのを座って待っているだけで，おいしい料理を食べることができるという「レストランのお客様」の立場になり下がり，表面的な楽しさを味わうに留まっている．本来，子どもたちは自分たちで材料集めをし，料理を作るという「キャンプでのカレー作り」が大好きなのに，そのチャンスを大人が奪っているのである．

　このように，万事「成功」させようとして，大人が先回りをし，子どもに代わって問題解決をしてしまうと，子どもが対象へ関わろうとする意識を軽視することにつながり，結果的に遊びに含まれている科学に触れることがないまま，遊びが終わってしまう危険性がある．さらには，そういう「苦労」は大人がするものだ，自分たちはレストランのお客様なのだから大人が運ぶ料理を待ってさえいればよいのだ，という学習に対する受け身の構えが，知らず知らずのうちに子どもの心に醸造されていく．

　小学校に入学したばかりの子どもたちの「生活経験」の差は，実はこのよう

なところに根っこがある。では，どうすればよいのだろうか。

　まずは，子どもが実際に手を動かす経験を少しでも多く遂げさせようという出発点に立ちたい。先の花火の例に則して言えば，子どもにマッチを擦らせてみてはどうだろうか。子どもは，とまどいながらもマッチを擦ってみるであろう。おそらく1回目のチャレンジでは成功はしないはずである。がっかりするが，再びチャレンジしようとするのが子どもである。すると，「次は，もう少し強くマッチ棒を押し出してみよう。そうするとつくかもしれない」と思考が働き始める。見事にマッチに火がついたら，次はその火をロウソクの芯に移さなければならない。この場面も，適度な困難さがあって子どもたちはチャレンジしたくなる。ロウソクの芯とマッチの火の位置をうまく調整しないと，なかなか火はついてくれない。そうこうしているうちに，炎はマッチ棒を燃やし，自分の指先に近づいてくる。熱さをがまんできなくなり，「アチッ」とマッチを手放すかもしれない。マッチの火は消え，子どもはがっかりするが，何度か失敗をくり返すうちに，勘どころがわかってくる。そして，ついに成功。この喜びはいかばかりなものか。マッチの火をロウソクに灯すことだけでも子どもたちはこれだけの体験を遂げることができるのである。

4. 待つことの大切さ

　では，大人の役目はいったい何だろうか。それは，ほんの少し背伸びをすればできそうなことはチャレンジさせることであり，そのチャレンジする様子をじっと見守ってあげることである。そして，どうしても自力でできない場合は，ほんの少し背中を押してあげることである。間違えても子どもが解決したい問題を大人が代わって解決するような愚は避けなければならない。

　大人が上手に待つ場面として，「泥団子作り」を見守る母親たちの姿が挙げられる。公園で見かける母親たちの姿は「待つ大人」の手本でもある。子どもたちは大人の手を借りずとも，そして何度失敗しても，へこたれない。そしてしだいに，砂の粒子の大きさや水の加減に気をつけながら堅くてつるつるの泥団子ができるようになっていくことを経験するのである。

5. 小学校の学習では
(1) 生活科という教科
　小学校の低学年のカリキュラムには，児童の主体性を大切にしよう，活動しながら思考をするという発達の過程に即した学びを大切にしよう，という理念のもと，生活科という教科が位置づけられている。簡単に言えば，子どもの学び方，幼稚園・保育所での学び方を小学校低学年でも引き継いでいこうというスタンスの教科である。しかし，心ない大人の「おせっかい的な親切」により，子どもたちが本来持っている科学の芽を奪い取っていることが多々ある。

(2) シャボン玉作りの場面から
　「シャボン玉を作ろう」という学習をしたとする。ここで気をつけておきたいことは，シャボン液をどうするか，ということである。市販のものもあるし，液体洗剤等を使うことも可能だし，そのような実践は多くある。しかし，あえてこれらは使わせず，石鹸水でシャボン玉を作らせてはどうだろうか。石鹸を粉にするには，大根おろしに使うおろし金を使えば案外簡単にできる。粉々になった石鹸を水に溶かして石鹸水を作る。子どもたちは石鹸の粉が水に溶けていく様子をおもしろがり，溶けて見えなくなったことを喜ぶ。

　石鹸水でシャボン玉を飛ばし始めた子どもたちは，いろんなことに気づく。「友だちと比べたらぼくのシャボン玉のほうがなんだか，小さいぞ。そうか，石鹸をぼくは少ししか入れなかったから小さいんだ！　もっと石鹸を入れれば，大きなシャボン玉ができるかもしれない！」と考え始めた子は石鹸の量を増やすであろう。しかし，石鹸をたくさん入れれば入れるほど，今度は石鹸が溶けなくなり，液がどろどろになって悲鳴をあげる。このような「失敗体験」を通して，水に溶ける一定の量があることに気づくのである。ちなみに，そんなことでへこたれないのが子どものパワーである。「先生，もっと水を増やしたい！そうすれば，もっと溶けるはずだ！」と言い，「お湯がほしい！　お湯だったら，もっと溶けるはずだ！」という要求もしてくるであろう。このような学びは市販のシャボン液を子どもたちに与えてしまってはとうてい生まれない。

　遊びをつくり出す過程にどのような価値が内在しているか，私たち大人が自覚的であることが，子どもたちの経験をより豊かにするかどうかの分水嶺である。

5節 子どもの社会性をはぐくむ保育

1. 乳幼児の社会性

　乳幼児の社会性とは，母子関係，仲間関係などの対人関係，生活習慣の自立，コミュニケーション能力，道徳性などを指して言う。よって社会性とは，相互交渉の発達である。たとえば，子どものけんかなどを見ると，相手の出方により自分の出方を変えていることがある。特に5歳児になると緻密なやりとりが行なわれていることが多い。

2. 子どもの姿と保育者の支援

【事例】セミとり

　　5歳児の子どもたち8名は，カブトムシとクワガタが入っている虫かごを大切そうに園庭まで運び，みんなでカブトムシとクワガタを土の上で戦わせている。そこへ保育者が行くと，K男が「これ，ぼくのカブトムシ」と言いながらカブトムシを手に持って見せてくれた。するとF男が「これ，ぼくのクワガタ」と言いながらクワガタを手に持って見せてくれたのである。ちょうどそのころ園庭にある木の上では，セミが鳴いていた。するとW子が，「セミ捕まえに行こう」と言い出すと，他の子どもたちもセミを見つけるため，木があるほうへ走って行った。

　　木々には，セミの抜け殻が所々についていた。J男が「あ！　セミがいた」と言いながら網でセミをとろうとするがとれない。するとJ男よりも背が高いZ男が，「貸してごらん」と言いながら網でセミをとろうとすると，セミはどこかへ飛んでいってしまう。W子は，「あ！　あっちに行った」と言いながら走っていくとセミはかなり上のほうにとまっている。W子は遊具のタイヤに乗って網でセミをとろうとするが背が届かない。W子は，「先生，やって」と言うが，保育者がセミを取ろうとしても届かない。W子は，「こうやって，（網で）セミを捕まえたほうがいいよ」と保育者に体で示してくれる。P男が，「N先生にとってもらおうよ」と話すと全員賛成であったが，ちょうどその時にN先生が保育室にいたので頼むことができなかった。すると，今度はF男が「じゃあ，部屋に行ってもっと長い網を見つけてこようよ」と言いながら数名の子どもたちと一緒に自分たちの保育室へ走って行く。保育室へ行かなかった子どもたちは，セミが逃げないようにと見張っていた。

しかし，保育室には今持っている網以上に長い網はなかった。戻って来た子どもたちは，細長い枝を探し懸命にセミを捕まえようとした。網ではないので捕まえるのはかなり困難であるが，セミを触りたい，とりたいという気持ちが強く，一生懸命小枝を振り回す。F男は高さが足りないと思うとたいこ橋に乗り，そこで小枝を振り回すので保育者は，危ないと注意した。

そうしているうちに，保育室にいた子どもたちが園庭に走ってきて，「お帰りよ」と降園の知らせに来てくれた。ほとんどの子どもはすぐに部屋へ戻ったが，数名の子どもたちはもう少しセミを捕まえていたいという。保育者は，「お帰りだから，また今度にしよう」と言葉がけをすると，F男以外は保育室へ走って行った。しかしF男は，どうしても小枝でセミを触りたいと言い保育者の言葉を受け入れない。F男は必至に小枝を振り回し，たいこ橋から落ちるほどだった。結局，もう少しのところまでいったが，セミをさわることができなかった。

非常に残念な結果ではあったが，子どもたちが力を合わせ，いろいろな案を出し合いながらセミを捕まえようとしている姿を間近で見ていた保育者は感動した。しかし，降園の時間になったにもかかわらず全員で保育室に戻れなかったことは，保育者の反省点の1つである。ここで大切なことは，保育者がアイデアを出すのではなく見守ることである。子どもたちは，保育者の存在により自由に活動できる。しかし，子どもたちの活動の中で危険を伴うような場合は，言葉がけなどをしながら援助することは大事である。お互いに意見を述べながら1つのことを考える姿勢を大切にすることが望まれる。

【事例】お店やさんごっこ

年長組が，お店やさんごっこの準備をしている。保育者がペットやさんのグループの姿を見ていると，K男が，「虫かごを作りたい」と言う。K男は，アイデアは浮かぶようであるが，それを形にすることができない。すると同じグループの子どもたちが，次々に案を出してくれる。K男が，「虫かごに入口を作りたい」と言うと，J男が「こうやってすればいいよ」とカッターを持ち，切る部分を示してくれた。また，取っ手の部分でK男が迷っていると，F男が「ここに穴を2つ開けて，こうすれば？」と話した。はじめK男は，穴を1つ開けようと考えてい

たが，F男が穴を2つ開けたほうが持ちやすいというアドバイスをした。保育者は，子どもたちがカッターやきりなど危険な道具を使っているので，けがをしないように注意深く見ていた。F男のアドバイスに納得したK男は，早速F男の言う通りに行なった。すると，自分が思った通りの虫かごを作ることができてK男は大喜びした。

　グループの他の子どもたちもクワガタ，カブトムシやテントウムシなどを廃材で作っていた。S男は，作り方がわからなくなると「こうやればいいのかな？」とM男に話す。M男は，「こうやってもいいし，こうするともっと（体が）しっかりと作れるよ」などとお互いに話し合いながらお店やさんごっこの準備をしていた。

保育者は，ある程度子どもたちの活動をイメージしながら保育の枠組みを構成している。そして，子どもたちが主体的に話し合いを進めていけるような状況をつくることが大切である。

3. 事例に見る遊びから協同への移行

　上述した事例でのやりとりは，お互いに協力し遊びから協同的な学びへと移行するものではないだろうか。子どもたちが単に仲良くしたり，一緒に活動したりするだけでなく，みんなで共通の目的を持ってやり遂げる協同的な学びの大切さが見られる。それぞれが自分の意見を発表し，お互いに意見を交換する。それを行動に移すための準備を行なう。すなわち，同じ目的を持ち，するべき活動を分担し，念入りに話し合い，試行錯誤しながら同じ目的を達成するために活動するのである。

　共通の目的に向かって，子どもたちが努力する中で協力したり工夫の仕方などを学ぶ協同的な遊びも，年長の後半に発展していくのである。紹介した2つの事例から考えられることは，年長の後半に協同的な学びへ発展するには，幼い時から子どもたち自身が共通の目的をつくり出し，それを自分たちの進め方で調整していくことが大切である。年長までにどんな協同的な遊びを行なっているかが，重要になってくるのではないだろうか。

　特に，協同的な学びの発展は，小学校の授業の基本に相当するともいわれて

いる。そのことからも，年長組の1年間は重要な年になるのではないだろうか。子どもたちが興味を持ってさまざまな活動をするためには，保育者の環境設定を構成する力がかなり必要とされるであろう。また，子どもたちが好奇心を持って活動に参加する場合，保育者はそれに対応できるような知識も持ち得ていなければならない。

4. 社会性の学びと保育者の支援

　子どもたちが力を合わせて1つの活動を成し遂げる中で，子どもは相手の気持ちを理解したり，自分の意見を言ったり，活動のスキルを学ぶ。また一方で，けんかやいざこざも子どもが生活を通して社会性を身につける活動の1つと考えられる。

　いざこざは，保育者がしっかり見ていないと大きなトラブルになることも多い。それを防ぐためにも子どもたちの活動をしっかりと見きわめることが重要である。子どもたちの中には，いざこざを頻繁に起こす子どもがいる。その場合，その子どものまわりに何か問題はないのか，ということを保育者は考えていく必要がある。そして原因が判明した時には，スムーズに解決できる方法を考えていかなければならない。

　子どもたちは，園で生活することにより家庭の中にいる時には見られなかった出来事や決まりを経験する。そして，園生活の中のルールに対して自分の気持ちが抑制できない時にいろいろな形で問題が出てくる。しかし，このような体験を通して子どもたちは，将来生きていくうえで非常に大切な社会性を学んでいるのである。

　社会性には保育の中での生活習慣なども含まれる。生活習慣とは，園生活を通して行なわれる日常的な活動である。たとえば，登園後の身じたくをする手順，保育者が話をしている時にはおしゃべりはしないようにする，遊びの中にあるルールなどが挙げられる。子どもたちが，社会性を身につけていく過程の中で保育者の支援は不可欠である。

第3部

新しい時代の教育保育の方法と技術
―養成教育の試みを中心に―

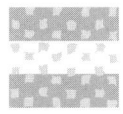

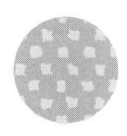

6章 体験・共感・創造性を重視した「教育の方法と技術」
―メディアを取り入れた養成教育の試み―

1節 総合的な子ども理解とそれを援助する力の育成

1. 広い視野と視点を備えた保育者の目

　子どもは眼前の現実の環境に直截に迫り，的確に写しとって表現する。その表現は「ふり遊び」「ごっこ遊び」などに見られまことに興味深い。さらにそのような表現に至る過程では，周囲の人間が積み上げてきた社会・文化の価値やモラルを体得している姿がある。したがって，幼児期の表現には多様な要素が含まれており，保育者は総合的な視点が必要となる。

　「乳幼児が『その社会にふさわしい社会的・文化的存在に育ちゆくこと』を助ける営みを『保育』」（神田，1997）とするなら，その保育にあたる保育者にはどのような能力が求められるのだろうか。子どもは大人のミニチュアではなく，子どもには子どもなりの感じ方がある。また，個々の子ども独特の感じ方があり，感じたことをその子どもなりのやり方で表現する。そのような幼児期の特徴（特性）を理解するために，保育者はどのような学びをすればよいのだろうか。

　また，保育者の目とは，その時々の子どもの成長に沿って，広い視野に立ち，その子どもを理解し，適切な援助とは何かということを考え出す力を持った目でなくてはならない。広い視野に立つとはどういうことか，そして視点を持つとはどういうことか，広い視野と視点を持つために保育者養成ではどのような学びをすればよいのだろうか。

　以下，筆者が試みて成功した保育者養成授業の実践例を通して考察していきたい。

2. 授業の実践：総合的な子ども理解と援助を目指して

　授業ではまず，子どもがいない時に学生たちを連れて幼稚園，保育所の設備を見学し，子どもが使う水道の高さ，トイレの大きさを実際に体験させた。学生は「こんなに小さくて低かったのか」と改めて自分のサイズと違うことに気がつく。学生たちはその後，園庭のすべり台，ブランコ，ジャングルジムで思いきり遊んでみた。身体を動かして鬼ごっこやブランコで遊ぶうちに，何となく幼児期の感覚が少し蘇ってきているようだ。「ジャングルジムのてっぺんは意外にこわい。ブランコで揺られると風を感じる」など，自分の中の子ども性を発見する。

　次に，以下のような場面（事例）を観察，録画した。録画した映像を見てどのような領域の手がかりが読み取れるか話し合った。

【事例】A男（5歳）とB男（5歳）

　　砂場でA男とB男が山にトンネルを作ろうとしている。
A男：「そっちから掘って」
B男：「わかった。もうすぐだ！」
　　トンネルが開通した瞬間，A男が「♪ブルーレットおくだけ」とCMソングを歌う。するとB男がA男の歌の流れにのってタイミングよく「♪おくだけ」と唱和する。……

　まず，A男を追って見ていく。A男になったつもりで，A男の気持ちを話し合ってみる。すると「砂を掘り続けるA男の右手がB男の手に触った時は……どんな気持ちだろう？」と学生の1人がA男の気持ちに共感しながら見ている様子がうかがえる。次に，B男になったつもりでB男の気持ちを考えてみる。「B男も2人で協力してトンネルを作ろうとしていっしょうけんめいだ。A男の手に触れた時はやった！　という気持ちで，思わずA男の歌うCMソングにB男が唱和したのだろう」など，表現の領域の視点で受けとめている。

　他にも「2人で歌って気持ちよさそう。2人は仲良しだ」「A男，B男は山にトンネルを作るという共通の目標・イメージを持っている。それは仲間関係ができていることだ」という具合に人間関係の領域の視点についても気がついた。

そこで次に学生の発言がどの領域に関わっているのかということについて考えてみた。すると，人間関係→コミュニケーション，表現→歌うなどのように領域の手がかりを，子どもの姿と対応して確認することができるようになった。

以上のようにして，1つの場面からどのような領域の視点（人間関係，健康，環境，言葉，表現）が浮かび上がってくるかを話し合った。

最後に，保育者になったつもりで保育者の気持ちを話し合った。保育者はこの事例のような場面ではどのような言葉を子どもたちにかけるだろう。さらに遊びを充実させるためにどのようなものを提供したり，あるいは新たな提案をするだろうかという問いかけを学生たちにした。すると，「私だったら仲間関係の育ちに目がいくわ」「トンネルができたら，次は水を流してみたらさらに遊びがおもしろくなる」「子どもたちの自由にさせて私は見守る」などさまざまな意見が出た。グループで話し合うことで，1つの場面について，学生たちは個々の見る目の違いに気がついた。つまり解釈の仕方がいろいろだということを学生どうしで受けとめることができた。

3. 学びの中で心がけたいこと

保育者になるための学びの中で常に心がけたいことは以下の3点である。

(1) 領域からの視点（専門基礎力の育成）

領域の視点を知識やキーワードとして持つことが必要である。たとえば，A男が歌うCMソングにB男が途中から唱和してくる事例について考えてみよう。この事例では，A男が歌うのと同じテンポをB男が共有していることがうかがえる。

ここで，領域表現の音楽の重要な要素であるリズムの「テンポ」について考えてみよう。声楽家とピアノ伴奏者のアンサンブルが成立するためには，同じテンポを共有しなければならない。相手が発しているテンポにこちらが共振していき，相手がそれを受けとめまた返すという相互作用を瞬時にくり返す。アンサンブルの成立には同じテンポの共有が不可欠である。同じ現象が，母親と赤ちゃん，保育者と子ども（たち）にも存在する。相手の年齢が低ければ低いほど，保育者（大人）の側がその子どもが発しているテンポ（リズム）に合わさなければならない。この同調の現象はエントレイメント（entrainment）と

呼ばれる。触覚，視覚，聴覚など五感すべてを動員したさまざまな刺激をやりとりするエントレイメントはすべての人間関係の土台となりコミュニケーションの始まりである。

　この「テンポ」という知識は，子どもどうしが関わる場面での１つの側面の理解の助けにつながる。その子どもが発しているテンポに気がつくことで，保育者がそれに何らかの方法（楽器で，身体の動きで）で共振，同調していくという援助の方法がわかるからである。つまり活用できる「教育の方法と技術」となる。音楽の最も重要な要素であるリズムの一要素である「テンポ」に関する知識が専門基礎力として保育場面で活用される例である。

　そのためには，学生たち自身が「テンポ」という知識を実感できるような体験をすることが大切である。たとえば，数人でリズム遊び『♪げんこつ山のたぬきさん』を速いテンポ，遅いテンポで遊ぶことなどが挙げられる。実体験とはそのものに触れて生の感覚を味わうことである。「おもしろい！」「ふしぎだ！」「気持ちがいい！」というような感情の体験なしに，子どもの気持ちに共感したり，共有することは難しい。各領域のねらいで示されているのは，その領域の心情を育てることにほかならない。子どもは１つのことを知るために体の多くの感覚器官を動員する。まさに五感を使うのである。特に体の動かし方などの運動が関係する学習では，実際やってみないとわからないし，やってみてその運動を獲得することができる。こうした体験をすることは，近年，言葉の説明で獲得できる学習と区別してその重要性が指摘されている。テンポ（リズム）に関わることはその典型的な例である。まずは，その領域の視点を実感できるような体験をすることが不可欠である。

(2) 領域の視点を広い視野からとらえる（子ども理解力の育成）

　生活や遊びの場面から，保育者は常にさまざまなことを受けとめなければならない。この子どもはどのような発達過程にあるのか，すなわち，身長・体重などの身体の発育状況，友だちとのやりとり，人間関係の育ちの状況，言葉の獲得といった発達過程を，保育者は広い視野から受けとめるのである。その際の手がかりとなるのは，領域からの受けとめ方や視点である。たとえば，言葉で自分の意思を相手に伝えることができるようになっている（言葉の領域）。仲よく遊ぶことができる（人間関係の領域）。鬼ごっこの遊びの中に，走ると

いう運動能力が育ってきている（健康の領域）。砂場遊びの中で，複数の子どもが声を合わせて1つの歌を歌っている。それはテンポの共有ができていることであり，アンサンブルの始まりである（表現の領域）。

　健康，人間関係，言葉，環境，表現という複数の領域が重なり合ったところで，子どものすべての行為が発現するのが幼児期の特徴である。この領域の重なりから一人ひとりの子どもの心を通した「領域のねらいが芽ばえる姿」を保育者が受けとめ理解することが保育の援助の鍵となる。

　個々の子どもはその成長も興味関心も異なるためその子ども独自の姿となる。個々の子ども，あるいは複数の子どもたちの姿からどのような領域がどのように芽ばえているのか，領域の重なりの中で現われる視点をいくつも保育者は受けとめ理解するのである。

　たとえば「テンポ」という概念についてみるなら，先の事例では，自由に遊ぶ場面で砂場という状況でA，Bという2人の子どもの間で，A君の歌うテンポにB君が同調していくという姿となった。どのような遊びの中に誰との関係で発現しているかを受けとめることが大切である。もう1つ事例を挙げてみよう。

【事例】　K子（1歳6か月）
　　ようやく歩けるようになったK子が保育者と手をつないで階段を上がる場面である。「♪ヨイショ，ヨイショ」とリズミカルに声をかけながら保育者はK子と階段を上る。K子が，階段をあがるテンポに合わせて，となえ言葉で同期しているのである。K子は保育者の「ヨイショ」の歌を全身で感じながら1段ずつ上るという行為をしている。そこには保育者の声，階段を上るという2人の動作の同期・アンサンブルがある。動作，声のテンポの同期は，実はK子がそれを意識することで，安全に階段を上るという遊びを実現しているのである。このようなテンポの共有は，5歳児がみこしをかつぐ場面では，10人の子どもたちが一斉に同じテンポで「わっしょい，わっしょい」という姿になる。共同的学びが実現された姿といえる。

　洗練されたテンポの共有は人間関係の育ちとも深く関わってくる。ぎくしゃ

くした関係の中では，同じテンポでとなえ言葉で遊んだり，歌うという表現は出てこない。

(3) 保育者の援助（実践構成力の育成）

　子どもの姿から，その発達過程を受けとめ，理解した保育者は，次の援助を具体的に考えていく。援助をする際に保育者にはどのような能力が求められるだろうか。前述の事例でいえば，K子の発するテンポに保育者は合わせて，同期する能力が求められる。一人ひとり発する呼吸の速さ，テンポは異なるので，保育者には柔軟で応用力のあるテンポを受けとめ，それに同期する能力が「教育の方法」として求められるのである。

　保育者は子どものすべての成長を総合的に受けとめ理解し，その子どもの「状況に応じて活用できる教育の方法と技術」を備える必要がある。

2節. 遊びの質に着目して多角的にとらえる力の育成

1. 幼児期の遊びの重要性

　幼児教育は「遊びを通して」の教育である。なぜ遊びを通して，なのであろうか。津守（1980, p.4）は「遊びの中で養われている諸能力は他のいかなる方法による教育的活動におけるよりも，大きなものがある。また，その中で，人間の生涯を通じてつづく，人生の基本的経験が養われている。しかし，その他の効力よりも，幼児が楽しく遊ぶこと自体が価値であり，……むかしから，子どもは遊ぶことによって人間となってきた。現代においても，遊ぶ姿を実現することは，保育の中心課題である」と幼児期の生活における遊びの重要性を指摘する。また，遊びの特徴を高橋（1984）は次のようにまとめている。

①遊びは自由で，自発的な活動である。遊びは遊ぶ人の，全くの自由意志によって，自発的に行なわれる。

②遊びは，おもしろさ，楽しさ，喜びを追求する活動である。

③遊びにおいては，その活動自体が目的である。

④遊びはその活動への，遊び手の積極的な関わりである。今進行中の活動に積極的に関わり，没頭することである。

⑤遊びは他の日常性から分離され，隔絶された活動である。

⑥遊びは，他の非遊び的活動に対して，一定の系統的な関係をもつ。

　言葉の習得，社会的役割の認知，創造性などの，他の行動系の発達と相互的・有機的な関連を有している。乳幼児期の遊びは，その後の遊びとは異なり，人間性の現われであり，その活動を通して人格や能力の諸側面が統合的に発達を遂げている状態である。すなわち，遊びの充実が人間性，諸能力双方の発達の要件なのである。

　子どもたちが元気に楽しそうに遊んでいると，大人は安心する。また，活発に動いていると「よく遊んでいる」とみなしやすい。しかし，そこで子どもたちは本当に楽しんで遊んでいるのだろうか。自分に必要な体験をしているであろうか。友だちと元気よく動いているが，互いにつられて興奮していたり，砂場で砂をいじってはいるが手先だけが動いていておしゃべりしていたり，毎日習慣のようにブロックなどの遊具で遊んでいるが，それに没頭しているわけではなく，保育者が課題を出すと飛びついてくるような時もある。そのように充実して遊べてはいないことも少なくない。子どもたちが自由な時間を過ごすことは，それだけでも重要であるが，その時間ができるだけ一人ひとりにとって意味のある，充実感のある時間になるよう，言い換えると遊びの質が高くなるように配慮し，援助することが保育者の役割である。

　津守（1980，p.5）は，「子どもが自分自身を打ち込んで遊ぶようになるには，その陰に保育者のはたらきがある。……子どもはたえず新たに当面する精神的課題を解決し，現在の遊びに集中することが出来るのであって，みえないところではたらいている保育者の力は大きい」と述べている。子どもたちが自分の遊びに没頭できるようにするためには，子どもが自分の遊びに打ち込めるような内面的，外面的助力が必要であるが，そのためには，表面的な活動状態に惑わされずに目前の子どもが心から遊んでいるのか，しっかり見きわめることが重要である。遊びが重要であるというと，「どのようにして遊びを発展させるのか」などと，遊びの指導法に視点が向くことがある。しかし，先に指摘したように，重要なのは遊ぼうとする子ども自身の内側からの意欲である。自らの遊び（子どもどうしが集団で行なっている場合も含めて）が進められている時にこそ意味のある経験があるのであって，外に表われている遊びの内容や形が高度か，複雑か，などはその結果であることに留意しなければならない。

2. 遊びを見る目を育てる

　ここでは，子どもたちの遊び活動の状態をどのような視点でとらえるかを考えてみたい。保育観察をする場合，できればビデオ撮影をして，はじめの印象と細かく子どもの様子をとらえ直した時とで，どのようにその遊びについての見方が違ったかを確かめてみる。または，観察記録をとり，さらに詳細に視点を定めて補足記録を作り，考察をして，最初の印象と比較してみることである。
　留意点として以下のことが挙げられる。

(1) 全体として
①「その時」だけでなく活動の時間的経過をみること。
②遊びの外的要因（物的，人的状況）も同時に把握すること。
③子ども一人ひとりの個性を視野に入れること。

(2) 個人に着目して
　まずは，一人の子どもに焦点をあてて（あるいは録画したビデオの中の1人の子どもを選んで），子どもの遊び場面の記録を取り，以下の観点からその子がよく遊んでいるかどうか考察してみよう。
①自分から始めた遊びか。誘発されて始めても自分の遊びとしているか，他の子の行動に追随しているか。
②その場の思いつきではなく，前の遊びとの関連や気持ちのつながりがあるか。
③遊びに必要な物を選んでいるか，手当たりしだいに物をいじっているか。
④他からの働きかけの対応が選択的であるか（考えているか）。
⑤少々の困難や周囲の活動にわずらわされないで，遊び続けているか。
⑥納得するまで遊ぼうとして，終わった時に満足感がみられたか。

(3) グループに着目して
　次に以下の観点から，2，3人のグループでの遊びを，子どもどうしの関係について見てみよう。
①互いに共鳴し合っているか。
②相手の行動に即応しているか。
③相手の言動を受けて新しいイメージや動きが出てくるか。
④場所や物の活用についての相手のイメージを理解しているか。

⑤全体の遊びがうまく続くように，自分の動きを調節しているか。

(4) 遊びの展開

最後に，遊び自体の充実（展開している活動の状態）を見てみよう。「遊びが発展する」という視点（河邉，2005）から，あるいは「遊びそのものが充実する」という視点から遊び全体をとらえてみよう。

① 1つの遊び（テーマ）に，ある一定期間継続して取り組み，集中している。
②（遊びに取り組んでいる）子ども一人ひとりが遊びのイメージをしっかり持っている。
③個々の子どもが自分のイメージを遊びの中で発揮し，遊びに必要な物や場をつくるために身近な環境に主体的に働きかけている。
④他児とイメージを物や空間の見立ておよび言葉を通して共有しながら遊びを展開している。

3. 子どもの目線，表情，言葉，行動から判断する

子どもの状態の判断は，そこに表われている子どもの言動やつくられた物によってなされる。保育者は瞬時にその動き方，言葉から，子どもへの関わりを決めている。次のような事例を参考にして，子どもの状態をさまざまな点から考えて遊びが深まるような関わり方を検討する。

【事例】自分から遊ばない（年少組6月）

　J男は幼稚園に来てもイスに座ってじっとしていたり，保育室の敷居から，外を見ていたりしている。他の子が砂遊びや固定遊具で遊んでいても自分からは遊び出さない。保育者は遊びに誘ったほうがよいか迷いながら様子を見た。
・目線はしっかり他の子の遊びをとらえている（視線がぼーっと宙に浮いているわけではない）。
・保育者の動きに合わせていつの間にか保育者に近いところにいる（いろいろなところに動いて園の様子や遊びを感じている）。
・片づけなど保育者の動きに応じて自分もやろうとする時がある（集団生活の中に位置づいている）……。

こうしたことから保育者は自分で遊び始めるに違いないと判断し，本人に任せることにする。この子は時間はかかったが，10月頃から友だちの中に入り込んで，自分のアイデアをしっかり出し，率先して遊んでいる。

【事例】友だちを遊びに入れない（年少組2月）
　A子とD子がままごとのための場所づくりを積み木でする。2人は息が合って次々とまわりを囲い，玄関，台所らしい場所ができる。少し離れたところでござを敷いてままごとをしていた3人が引き寄せられたように，「入れて」と来るが，A子は即座に「だめ」と言う。3人は「まぜてくれないの」と保育者に訴える。
・2人は「あ・うん」の呼吸で，ままごとのための場所づくりをしていた。暗黙のイメージの交換がある。
・A子は3人から「どうしてだめ？」と抗議されて，困惑した表情を浮かべ，「2人しか入れないの」と言う。
・人数が多くなったらこれまでの遊びの楽しさが保てなくなる不安が伝わってくる。

保育者は「あとで，できあがったら遊びに来ましょうよ」と3人と一緒にもとのコーナーに戻って，しばらく様子を見る。積み木の家ができあがってから，お客になって行くと，気持ちよく中に入れてくれた。

【事例】他の子がやっていると，すぐに「自分もやる」という（年長組6月）
　N子とY子が財布作りをしている。2人はバックを作ってお出かけごっこをしていたが，他の子どもたちのレストランごっこに目をつけて，お客になろうとして，お金作りから始まって財布作りになった。そこへS男が「ぼくも作る」と言う。保育者は「Nちゃんたちはさっきからの続きだけど，Sちゃんは何で？」と確かめる。
・S男はさっきまで外で走り回って戻ってきたばかりであった。
・N子たちの楽しそうな様子に誘われてはいるが，本当に作ることに興味があるのかどうかわからない。
・この頃S男は落ち着きがなくなっていて，思いつきで遊び始めるが，途中でやめてしまうことがある。

S男は少し考えてから「ぼくはお面にする」と言って，腰を据えて描き始める。この頃（年長ぐらい）になると，「自分は何をするか」を自分で考えるように仕向けると，きちんと取り組むことができる。

3節. 運動遊びの実体験による子どもの理解力の育成

1. 授業（演習）の目的と考え方

　領域「健康」は，「表現」「人間関係」「言葉」「環境」など，その他の領域と密接な関連性を持ち，それらの土台ともいうべき「身体」を基軸として，すべてにつながっている。子どもの心身の健康をとらえるには，身体性を意識しながらも，なおかつそれらを統合する視野の広がりともいえる共感性をあわせ持つ必要がある。すなわち，保育者を目指す学生は，自らが身体面・精神面ともに健康で，体を動かす楽しさを味わい，子どもたちが進んで運動しようとする意欲を引き出すことができる資質が必要である。本来ならば，子どもたちが遊ぶ際，自然発生的に遊び意識が芽ばえ，保育者が子どものつぶやきを援助して，遊びを発展させられるように，環境の整備や言葉かけ，安全への配慮をするのが望ましい。

　そこで，まずは自らが子どもの「運動遊び」を実体験することにより，子どもが何を楽しいと感じるかを共感できる感性が必要である。さらには，その「運動遊び」が子どもの発達にとって，どれほどの意味を持つものなのかを，子どもの遊ぶ姿から読み取れるようになること（＝子どもの理解力）が望ましい。

　この授業（演習）では，子どもと健康についての全般的な理解とともに，「運動遊び」の楽しさを実体験することによって，子ども時代に遊んだ「身体」の記憶を喚起し，子どもたちの心に共感できる「身体」を確認する。心身の健康を頭（理論）だけではなく「身体」（実践）で理解し，遊びの発展を考えるなど，将来の保育実践に活かすことができるよう，領域『健康』に特有の「身体」を通じてまず共感する。さらに，この授業とあわせて，教育（保育）実習において，より子どもの理解力が深まることを意図するものである。

2. 授業（演習）の構造と内容

　幼児期の心身の健康のために，ふさわしい活動とは何か。その重要なカギを握る「運動遊び」の実体験を演習の中に盛り込む。授業はまず，プレイルームで，体を動かすことから始まる。「運動遊び」の実技発表で，発表者1人につき約10分をめやすに，2人が発表する。発表者は後に活動内容と実際に活動してみて気づいたことを書きとめる。あとで担当者がそれらをまとめた資料を全員に配布する。教室に移動して，毎時間，数名の学生が，シラバスに基づき，テキストを参考に「健康」に関するテーマで，レジュメを準備して発表する。その際に，教材提示機，パワーポイント，DVDなど視聴覚教材による工夫を行なう。

　時間の後半は，担当者が関連教材（映像）を提示し，気づいたことを発表したり，リアクションペーパーにコメントを書いてもらったりする。

3. 授業（演習）と教育（保育）実習の相乗効果

　保育の現場を想定した場合，養成機関のいわゆる座学だけでは学びきれない「身体感覚」「共感性」を，どのようにはぐくむかという課題が浮かび上がってくる。授業の中で運動遊びを身をもって体験することによって，「何ておもしろいんだろう！」と，遊びの特性に気づき，子どもの時に味わった記憶を思い起こし，少なくとも子どもが何をおもしろいと感じるか共感できることが期待できる。模擬保育の形で教師役と子ども役を経験することで，遊びのルールの効果的な伝え方，安全への配慮などの実践的な力も身につく。さらに，理論的にも「運動遊び」の意義を考察しておくことによって，実習現場で「運動遊び」の場面に出会った際に，子どもの心身や社会性の発達にとっての「運動遊び」の重要性を深く考察でき，子ども理解力の育成にもつながっていく。

4. まとめにかえて

　子どもの心身の健康を「運動遊び」を通して深く考えることは，実体験やメディアを意識した通常の授業時間内だけでもある程度の目的は達成できる。以下で紹介する授業は，短期大学（3年制）の2年生前期に配置されていて，4月から7月のうち，学生は6月の3週間は幼稚園現場での教育実習を体験する。このことは，授業の目的である，「運動遊び」がいかに子どもの心身の健康に

ふさわしい活動であるかを，子どもの実態を見ながら学ぶことができるという教育実習との相乗効果を招いており，授業の目的は，担当者が期待する以上に達成されているといえよう。

学生の記述から，授業および教育実習から得たものを一部次に紹介する。

> 　私が実際授業で体験した「運動遊び」は，手つなぎ鬼，オオカミと子羊，バナナ鬼，しっぽとり鬼など，鬼ごっこが多く，大量に汗をかいて疲れたけれど，何かを成し遂げた充実感，仲間との楽しさの共有，勝った喜び，負けた悔しさを味わうことができた。このような遊びは，もう何年もしていなかったので，小さい頃の自分に戻れたような気がした。仲間と遊んでいる学生の表情も生き生きしていた。

これは，授業で行なった「運動遊び」を体験した実感を正直に記している。まず，自分の身体を使って汗をかき，充実感や一体感，「うれしい」「悔しい」という情緒的感情を経験することで，身体が記憶している感覚を取り戻すことができている。しかし，楽しければそれだけでよいというものではない。

次に示すのは，実習で子どもたちの実態を見て，領域「健康」の「運動遊び」の視点から深い子ども理解をしている学生（実習生）の例である。

> 　子どもの心身の発達と「運動遊び」は，密接な関係があると考える。今回，授業や幼稚園実習を通して，子どもにとって「運動遊び」は，心身が健やかに成長するにあたって，大きな役割を果たしていると改めて強く考えさせられた。私の実習させていただいた幼稚園では，「自分の好きなことをして遊ぶ」ということを大切にしていた。設定保育の時間もあったのだが，子どもたちがのびのびと外で元気よく遊んでいる姿がよく見られた。

【実習事例１】　本気と遊び

　年中組のＡ男は，戦いごっこと本気の区別をつけて遊ぶことができていた。本気になりそうになってきたら，友だちとの距離をあけ，笑っておどけて見せて，そしてまた始めるというように，上手に距離をとって遊んでいた。だが，年少組

の時は、戦いごっこと本気の戦いの区別がつかず、戦いごっこをしているうちに、だんだんと本気になってきてしまい、最終的には相手を泣かせてしまったり、けがをさせてしまっていたという。A男は、この1年間の戦いごっこ（運動遊び）を通して、何度も失敗しながらも、お互いにぶつかり合うことによって、どの程度強く叩いたら痛いのか、どの程度戦っていたら本気の戦いになってしまうのか、経験を積み重ね、体で覚えてきたのである。この事例を通して、「運動遊び」は、友だちとの距離感や、どのくらいの力で叩いたらどうなってしまうかなど、相手に加える力加減を、体験を通して学んでいく大切な役割を持っているといえるだろう。

この学生は、A男の戦いごっこを見て、「友だちとの距離をあけ」「上手に距離をとって」遊べていると、関係論的に見ることができている。しかも、その子の今の姿だけではなく、年少組から年中組の今に至るまでの発達の過程を把握できている。たぶん、担当の保育者から情報を得たのであろうが、相手とぶつかり合い、何度も経験を重ねることによって、力加減を体で覚えていくこと、相手の身になることを学ぶ機会を「運動遊び」が提供していることを、的確にとらえることができている。

【実習事例2】 開戦ドーン

年長組になってから幼稚園に入園してきたN男は、なかなか友だちの中に入って遊ぶことができず、園庭をただ行ったり来たりしたり、保育者にくっついていたり、ひとりで砂遊びをしていることが多かった。そんな中、前回の授業で私が紹介した「開戦ドーン」を先生が始めた。先生は、まずN男と2人でゲームを始め、まわりの子どもたちが「ぼくもやりたい」と集まって来るのを待って遊んでいた。次々に子どもたちが集まり、あっという間に20人くらいの子どもたちが集まった。N男はとても楽しそうに、友だちの中に溶け込んで遊んでいた。「開戦ドーン」の特によいと思うのは、お互いに走って行って、向き合って「開戦ドーン！」と両手を合わせるところである。その相手と「ドーン」するまでのプロセスに何とも言えないよさがあると私は感じる。お互い目が合い、「あ、私のところに来る！あの子のところに行こう！」と思い、そして、その後お互いに目を離さず満面の

笑みで，相手のところに駆けて行く。相手と「ドーン」するまでに，その2人だけの世界と時間がある。手を合わせることによって，相手と触れ合う機会もでき，その瞬間に新たな「出会い」がある。友だちとの仲間関係を築くうえで，大きな役割を果たすと考えられる。

　この実習事例2を読んで，「なんて素晴らしい気づきだろう！」と筆者は感嘆した。入園当初は誰でも居場所を見つけるのに苦労するが，N男も例外ではない。特に，年長になって入園してきたということで，仲間に入れるようにという保育者の配慮が行き届いている。その際，集団的な「運動遊び」が用いられているが，みんなを集めて2組に分け，というやり方ではなく，N男と2人で楽しそうにゲームをしているのを見て子どもたちが集まってくるのを待っている。「開戦ドーン」によって，相手と目を合わせ，向き合った時のドキドキ感，触れ合って出会いがあるという，この学生の気づき，「運動遊び」の意義への洞察は，授業（演習）と現場での実習の相乗効果の最たるものと評価できる。実習後この学生は，「開戦ドーン」の感想を授業で紹介したが，現場での用いられ方はより奥が深く，子どもを理解できていればこそ，その子と向き合えることがわかる。

　運動遊びの中には，「即興的に今を生きる」という子どもの時期に味わっておきたい営みが多くある。テレビやメディアに囲まれ，人と人がぶつかり合い，折り合い，より関係を深めていく機会が奪われている今日，メディアの活用を避けて通れないからこそ，頭と心と身体を駆使して遊び込み，コミュニケーションを図る実体験がより必要である。

4節　日常生活の中で科学する心をはぐくむための実践力の育成

1. 授業の目的と考え方

　科学する心の目とは，日常生活の中で感じるさまざまな驚き・美しさ・不思議さ・おもしろさなどを契機として発展的に思考し，問題解決や合理的解釈につなげていくことである。平易に言えば，遊びの中に科学的な芽を読み取って育てていくことである。

では子どもたちの驚きや感動から科学する心を育てていくためには保育者としてどのような資質が求められるであろうか。子どもの心を読みとっていくためには実際に生活の中に潜む不思議さを感じる練習をして，その要点を押さえておく必要がある。

この授業では，草玩具（植物を使った簡単な遊び道具）を使ったさまざまな遊びの楽しさを実体験する。その中にどのような科学的な萌芽が含まれているのかを考察しさらに保育にどのように活かしていくことが可能であるかを発展的に考える。

2. 授業の展開と内容
(1) 草玩具を作ってみよう

私たちは身近な自然を，日頃は何気なく見過ごしている。しかしながら，それらはちょっとした工夫でさまざまな遊具に変身し，楽しく遊びながら新しい発見や発明の基礎が育っていくのである。

まずはそのために，教室周辺の草原や森や公園などを歩きながら，どのような花が咲いているかを確認してみよう。2〜3名がチームを組んで観察すると，効率的である。たとえば草原があったら，背の高い植物，背の低い植物，花を咲かせている植物，などを記録していく。またその形などの特徴を絵や文章にしてみる。タンポポが咲いていたら，葉の特徴や茎・花・種子などの形をスケッチしてみる。

次にこれらの植物が何かの遊びに使えないか，図書館に行って図鑑や植物遊びの本などを調べる。そうすると，葉は食べることができる，茎はつぶして草笛として鳴らすことができる，花はマツの葉に刺してかんざしにする，種子の綿毛は息で吹いて飛ばせる，などさまざまな遊び方を見つけることができるだろう。

そこでもう一度野に戻り，実際にそれらを体験してみるのである。草笛の音のおもしろさを知ると同時に，工夫しないとなかなか鳴らない，などの体験ができる。鳴った時のうれしさは格別である。さらに自分で工夫すると，たとえば茎の長さによって音の高さが変わることがわかる。

最後に，これらの観察や遊びの発見がどのような成果があったかを感想や発

展的考察を含めてまとめる。たとえば，ある学生は次のようなことを考えた。

> 　笛遊びをするのになぜ草を使うのだろうか。遊びの原理を応用すれば人が作り出した紙やストローなどで遊ぶことができる。しかし，草を使うことにはそれなりの意味がある。私は草を使うことに3つの意味があると考えた。①命と触れ合う。これは草花も生きていることを学べるということだ。草花を摘む時に，ごめんね採らせてね，と言葉をかけ感謝の気持ちを表わす。また，タンポポをつんだ時，水に入れないとしおれてしまったりする。これらのことによってタンポポが生きていることを実感する。②努力する。草花遊び，特に草笛はすぐに音が出るとは限らない。練習をしたり何度も作ったりして，草花遊びを楽しみながら努力することにつながる。③草花の不思議に触れる。草花など生きものは人の手では作り出せない。人工的に作り出した遊具は生きものに比べると質感や匂いなどまったく異なる。さらに他の発見をしたりできると思う。

(2) 草花新聞を作ってみよう

　自分が体験した植物遊びの楽しさを，子どもたち（ここでは学生たち）に体験以外で伝えられないだろうか。その1つの例として，「草花新聞」を作ることをすすめたい。タイトルは子どもたちや保護者が関心を示しそうなものであれば「不思議発見新聞」「○○幼稚園森の新聞」など何でもかまわない。内容は日常的に感じた不思議や驚きや楽しさを，子ども向けの新聞の形でまとめてみるとよい。

　そのためには，パソコンを使うとより有効である。また，日頃持ち歩いている携帯電話のカメラ機能なども上手に使って，生きもの・自然・びっくりした出来事を撮って，新聞に貼り付けるとおもしろい。現在ではカラーコピーが使えるし，スキャナーで取り込んで印刷することも可能だ。当然のことながら，手書きでも十分に素敵な新聞が作れる。

　その具体例として，授業で学校周辺の自然観察を実施した。学生たちは，草の茎にびっしりとついたアブラムシ，おもしろい形の花や木の実，ジョロウグモの雄と雌のびっくりするような大きさの違い，などを見つけては歓声を上げ，それらを次々と写真に撮り，メモをとっていく。次の週に，それらをもとに自

分で作った新聞を持ち寄り，発表を行なった。イラストを手書きしてきた作品，写真を多く使った作品，文章に重点を置いた作品，楽しそうな観察者の顔写真も入れた作品，などいろいろな工夫がしてあった。これをさらに発展的に活用して，園で子どもたちに見せると，より効果的な内容に発展していくだろう。

3. 課題と発展

　保育者を目指す学生として心がけたいことは，日頃から日常生活のさまざまなものにできるだけ好奇心を持ち続けることである。その心を失わないようにすることが重要であろう。また日常生活をさまざまな視点から見直しておく必要があるだろう。たとえば，毎日の通学路にどんな花が咲いているだろうか，と注意を向ける。今日の空にはどんな雲が浮いているだろうか，と関心を持つ。あるいは日頃からちょっとした出来事に好奇心を持つように訓練することが大切である。

　自然環境や園の環境構成は地域によって異なる。必ずしも豊かな自然があるとは限らないし，科学遊びの用具がそろっているわけでもないだろう。しかし，今の時代はインターネットをはじめとして，無限といってもよいほどの情報がいつでも得られる。したがって身のまわりに科学遊びができる環境が少ないとしても，ちょっとした工夫でいくらでも取り入れることが可能なのである。むしろ，先に述べたように，保育者自らが科学的な遊びに関心をいだき，日常の現象に好奇心を持ち続けることが大切なのである。この心だけは，他から借用できないものである。

(1) 発見ノートを作ろう

　そこで，まずは小さなノートを作ってみよう。たとえば通学の道すがら，授業の合間などで，「なぜ？」「どうして？」と不思議に感じたことを可能な限りメモしてみよう。

　不思議発見の練習を始めたばかりの学生は「別に不思議なことなんかない」と言うかもしれない。しかし，冷静に見ているうちに次々と忘れていた子ども心がよみがえってくる。空はどうして青いのか？　どうして土は黒いの？　葉っぱはどうして緑色なの？　テントウムシの斑紋はどうしてあるの？……という具合に，一度きっかけをつかめば，あとは無限といってもよいほどたくさん

の疑問があふれてくるにちがいない。うまくこつをつかめば1時間に50を超える不思議を発見することも難しくない。

(2) あらゆるきっかけを利用する

不思議を発見するにはまず、子どもたちが多様な自然現象に接する機会を多くつくることを心がけるべきであろう。野原に連れて行く、といった大がかりな計画も必要だろうし、教室の中に植物や虫かごを置いたりして、さりげなく子ども関心を引く仕掛けを工夫することも求められる。また園庭の一部を利用してさまざまな植物を植えて観察のきっかけをつくってもよいだろう。もちろん勤務する園に畑や水田があれば植物栽培は容易になり、子どもたちの関心を引きつけることも可能である。時には日常生活では体験できないものを保育者が持ち込むことも大きな刺激を与えることになるはずである。

5節 物語を伝える力の育成 ――アニメ・絵本・お話

1. 授業のテーマ

現代社会において、アニメーションは広く受容され、宮崎駿アニメに代表されるように海外にも進出し、その文化的評価には高いものがある。アニメは学校教育においても積極的に取り入れられ、幼児教育の中核を担う幼稚園・保育所においても活用されているが、それとともにアニメを提示するにあたっての留意点などを保育者として認識する必要があろう。

授業では、絵本や童話の読み聞かせとアニメとの比較を通して、それぞれの特色と留意点を明らかにしようとするのがテーマである。

2. 授業の方法

アニメ・絵本・お話のそれぞれのあり方について、まず簡単に概説をする。そのあと、アニメ・絵本・お話の三種類の形態で、同一の物語を選択し、提示する。その際、幼稚園の場を想定し、学生はそれぞれが保育者、子どもの立場に自らを仮定し、行動する。それぞれの立場から、どのような感想や考えをいだいたかを報告し合い、三形態それぞれの特色を抽出する。さらに、それをふまえ、保育者の立場からの留意点、改善点、工夫すべき点などを明らかにする。

3. アニメ・絵本・お話の違いと特質
(1) アニメ
　アニメーションは，絵の継起的な提示によって動く映像を提示し，そこに音声を合わせたものである。陶山（2008）によれば，animation は「生命を持たず，本来動かないものに，命を吹き込んで動かす」という意味に由来する語であり，「それ自体では動くことのない平面絵画や立体物などの素材を用いて，フィルムのコマ撮りやデジタル技術などの映像装置の仕掛けにより『動く映像』として作り上げたもの」であるという。さらに陶山は，アニメと実写映画の違いに触れ，「制作者の意思の行き届いた創造性と自由度の高い映像表現が展開できることが，アニメーション映像の最大の特性」であると述べている。すなわち映像の「動き」に着眼することが，絵本・お話とアニメを比較する際の重要なポイントということができる。

(2) 絵本
　絵本については，昔話絵本，空想性の強い絵本，子どもたちの生活に密着した絵本，言葉や物の知識に関する絵本など，多くの作品が刊行され，その層の厚みを受ける形で，絵本学とも呼び得る研究・評論領域が充実している。言うまでもなく絵本は，文と絵の組み合わせによる表現形式であり，一方が他方の補助的存在ではない。時間軸に沿って語られる物語と，空間的な絵画表象との緊密な結合により展開される表現形式である。加えて，読み聞かせる保育者の「その時・その場」での子どもへの対応が大きな比重を占めている。

(3) お話
　お話については，一般に幼年童話や昔話などが考えられよう。幼年童話という概念は現在必ずしも定着しているわけではないが，村川（2008）は，5歳児を中心に3歳から7歳くらいまでを想定しているという安藤（1981）の説を紹介したうえで，自らは幼児から小学校中学年くらいまでを，「幼年童話」の対象として想定している。なお，本授業では，アニメ化との関係から対象年齢をやや上に設定した童話を取り上げる。

4. 題材と授業設定
　基本的に上記の三形態で鑑賞できる題材ということで，ここでは童話『魔女

の宅急便』（角野，1985）を取り上げることにする。この作品は，1985年に刊行され，その後1989年に宮崎駿監督によってアニメ映画化され，多くの支持を受けた。現在ではアニメ絵本も刊行され，アニメ・絵本・お話（童話）という三形態がそろっている。なお，この童話『魔女の宅急便』のカバーには「小学校中級以上」と記されているように，基本的には幼児向けの童話ではないだろう。しかしながら，周知のように宮崎駿アニメの普及によって広く受容され，内容的にも幼児に適応できるものであると思われる。

　授業では，まず教室を幼稚園・保育所の室内として設定する。テレビを前にイスだけを並べる。たとえば，十数人の園児を2，3列に並べたという具合である。次に学生を，園児と保育者にふり分ける。保育者は，アニメを見せる保育者，絵本を読み聞かせる保育者，お話を読み聞かせる保育者の3グループに分ける。その際，絵本・童話担当の保育者については，それぞれ読み聞かせる分担場所を決めて，なるべく多くの学生を保育者の立場に立たせることにする。なお，同じ1時限の中で，アニメ・絵本・お話の違いを体験してもらいたいので，『魔女の宅急便』の冒頭部（主人公がふるさとを離れ，これから住む町に降り立つまで）に限定して実施する。

5．アニメーションを見せる

　園児にアニメを見せるという設定で，保育者役の2人の学生と園児役の学生がそれぞれの動きをするように促す。保育者役の学生には若干のとまどいがあるが，園児への声かけを求めると，「うしろの人も見えるように，あまり体を動かさないようにして見てください」「アニメはまわりを明るくして見ます。おうちでもそうしていますね」といった声かけをしている。

　やがてアニメが始まる。『魔女の宅急便』は，親元を離れ一人前の魔女になろうとする13歳の少女キキを描いた作品であり，学生たちの心に添うところがあるせいか，楽しげにアニメに溶け込んでいる。当然子どもが鑑賞する際にはそれなりに理解の限界はあろう。しかし，この作品は旅立ちの物語であり，キキがやがて成長をとげて帰還することも想定され，瀬田（1980）が言う「行って帰る」幼年文学の形式をふまえた作品である。扱われている事物にも食べ物が出てくるなど，子どもに受容しやすいものである。

アニメは基本的に鑑賞者の目と耳を作品世界に固定させるものであり，終了後の一種の解放感と，良質の内容を楽しんだ充足感が注目される。この点は，絵本の読み聞かせ後の空気とは微妙に異なるものがあるように思われ，アニメを保育に取り入れるに際しての大切なポイントの1つになるであろう。

6. 絵本を読み聞かせる

アニメ絵本として徳間書店から1989年に刊行されている『魔女の宅急便』を用いる。この絵本は縦長の判型で，文は縦書きである。短期大学2年生の学生たちは，この時点で幼稚園・保育所実習を通して絵本の読み聞かせを体験しており，手馴れた感じでこなしていく。なお，この絵本は，縦長絵本のためアニメのようなスケールの大きな動きは出しにくい。藤本（2007）が指摘するように，横長絵本のほうが空間的な広がりと動きは出しやすいようである。が，一方で，旅立ちを目前にしたキキが草地に寝ころんでもの思いにふける冒頭場面では，心の深みが描かれ，縦長絵本の形式がうまく生かされている。

7. 童話を読み聞かせる

はじめに，園児役の学生たちに，お話を聞いている間の自分の状況，たとえば目のやり場とか心の動きに注意を向け，観察するように促す。また，保育者役の学生に対しては，園児たちはお話を聞いている間，視線をどこに向けているのかをよく見るようにと指示する。お話の場合には絵がないので，読み聞かせの最中も本に目を落としているだけではなく，随時顔を上げて子どもたちへ視線を投げかけるようにする。

8. 学生の反応・改善への工夫

終わりに，授業の感想・意見を書いてもらい発表し合う。以下にその内容を紹介しよう。

アニメを見せる保育者役の学生は，最初何をどうしたらよいかわからなかったという。しかし，逆に，導入や終わりをしっかりやらないと，保育者のすることがないという認識も記している。たとえば，アニメを見たあと，魔法に関する遊びへ園児たちを誘うなど，発展させる必要を保育者が感じたということ

である。また，園児役の学生たちは，アニメに目と耳を集中させることができたが，しかし一方的に与えられた感じがして，想像する楽しみがなかったという感想もあった。この想像性の問題は重要なポイントになるであろう。

　絵本については，子どもたちの目が自然に向けられ，適度の想像力も促がされ，幼児教育における絵本の意義を評価する声が大半であった。読み聞かせの途中で適宜会話を交わせることの長所を指摘する声もあった。なお，物語の中の人物に即して声音を変えたり，抑揚を工夫するなど語り口を考えないと，子どもたちの注意がそれてしまうのではないかという懸念も出された。

　童話の読み聞かせについては，子どもに対しては難しいという意見が多くあった。子どもたちには，読み聞かせる声だけで注意を持続させるのはなかなか難しく，保育者には技術が必要であるとの意見が出された。また，いっそのこと，童話の読み聞かせの最中は目を閉じさせておいたらどうかという意見もあったが，むろん本来は話者の語り口や表情，身ぶりなどによって子どもたちの関心を引きつけるべきものであろう。また，童話のほうがアニメ・絵本と比べて心理描写が細やかであるとする指摘もあった。

　このように，アニメ・絵本・お話を対比させ，保育者をめざす学生たちに演じさせる中で，それぞれの形態が有する特色が浮かび上がってきた。感想・意見を発表し合って共有することにより，保育者としてアニメ・絵本・お話にいかに対すべきかというスタンスが確立されるであろう。

6節. マルチメディアを使った音楽表現力の育成

1. はじめに

　テレビをはじめとする電子メディアの出現によって活字メディアは駆逐される，というMcLuhan（1964）の予言は，はずれたかのように思われていた。しかし，今日のパーソナル・コンピュータとインターネットの普及は，印刷された本や新聞に代わる新たなメディアとして，今やなくてはならない存在となった。McLuhanの予測は，あながちはずれとも言えないと解釈できる現状において，教育現場でもパソコンをはじめとするマルチメディアの存在は無視できない。

したがって本節では，画像，音響その他の統合メディアとしてのマルチメディアにおける音楽表現に焦点を当て，DTM（Desk Top Music）ソフトを使った音楽演習について実践例やソフトウェアを紹介しつつ考察する。

言うまでもなく，パソコンを活用した音楽表現は，それまでの実演を基盤に展開されてきた音楽実習と比較し，演奏技術上の負担の軽減と，楽器編成や演奏技術上の問題，音楽にリンクさせた画像編集等，さまざまなファクターでより幅広い表現が可能となる利点がある。自身では楽器が演奏できなくてもパソコンを使って，自分でオーケストレーションした楽曲を演奏させ，さらにはスコアの清書やプリントアウトまで，1台のパソコンで完結してしまうのである。

2. 音楽のための環境設定とソフトウェア

実際にパソコンを使って音楽を表現する環境設定手順を以下に紹介する。

(1) 音源

パソコン内部には，シンセサイザー音源がプリセットされており，DTMソフトをインストールし，ソフト上のMIDI[1]（ミディ）設定をこの内部音源を使用するよう選択する。

(2) DTMソフト

インターネット環境さえ整っていれば，多くのフリーソフトをWEB上からダウンロードできる。WEB検索エンジンで「MIDI　フリーソフト」とキーワード検索をしてみてほしい。あらゆる無料ソフトをインストールすることができるはずである。たとえば楽譜制作ソフトに"Finale"というものがあるが，"Note Pad"という簡易無料版がダウンロードできる[2]。このソフトは基本的には楽譜を制作するためのものだが，簡単なMIDI再生であれば十分可能な機能を持っている。

---

[1] MIDI: Musical Instrument Digital Interface　演奏データを機器間でデジタル転送するための規格。

[2] http://www.cameo.co.jp/notepad/

(3) スピーカーの設定

可能ならば5W以上のスピーカーを別途接続したほうがよりよい音で楽しむことができる。

なお，より本格的なDTM制作をしたいのであれば，市販されている有料ソフトをインストールすることをおすすめする。そうすれば，入力されたMIDIデータと同時にWAVオーディオファイルをソフト上で編集し，同時に演奏させることも可能になる。つまり，CD等の音を部分的にパソコンに取り込んで編集し，自分で入力したMIDIデータを併用できる，ということである。ただし，著作権の問題もあるので，これは個人で楽しむ範囲に限ってほしい。

3. 実践例

紹介したように，パソコンは1台で作曲・編集・演奏までを完結できる便利なツールである。ここでは，1つの総合的マルチメディア表現として，画像と音とを融合させたマルチメディア・クリップの作成を紹介する。

「音楽」の表現とは，伝統的西洋音楽における楽曲構造や和声法則を守らなくてはならないと誤解されがちだが，時間軸上に音を配置する作業そのものがすでに立派な「音楽」表現なのである。つまり，自分で美しい，または楽しいと思う音素材を集めて自分なりに配置することこそ「音楽」表現の基本である。難しい理屈を考えずに，まずは音を並べて楽しむ姿勢こそが大切なのではないだろうか。では，以下に実践の要領をまとめる。

(1) 方法

MIDI上で展開される音楽演奏，そしてパワーポイントで映し出される画像とナレーション，これら3つのメディア要素を1台のパソコンで表現する。

(2) 目的

マルチメディア表現を実習することによって，音と画像とストーリーの展開を結合させた"作品"を創作するための構成手法を学ぶ。教育現場の授業実践をより効果的にするためにも，自らの手で実践し，マルチメディアを駆使した表現手法を知ってもらいたい。

(3) 必要な機材とソフトウェア

デジタル・カメラ，パソコン，スピーカー，マイクロソフト社のソフト「パ

ワーポイント」，音楽編集ソフト（MIDI 入力用ソフトであればどれでも可能だが，先に紹介した Note Pad のような五線による入力ができるもののほうが使いやすい）。

(4) 題材

ドキュメント・タッチの取材クリップとする（学校紹介，自分の住む町の紹介等）。ただしナレーションのみに頼るのではなく，音楽は既存の曲でも MIDI で作成し，WAV ファイルはナレーションおよび効果音のみの使用と限定する。さらに，外部に公開する場合は著作権に注意すること。著作権の有無は日本音楽著作権協会（JASRAC）の「作品データベース検索サービス」で確認してほしい。[*3]

(5) 実施手順

①題材の選定

②構成を作る

クリップの長さ（あらかじめ 15 分以内などの設定を設けておくほうがよい），音楽，ナレーションも含めた音声，画像のおおまかな構成をスケッチする。また，テーマに沿ったストーリー展開も作成する。

③音楽の作成

MIDI ファイルで音楽を入力する。学校紹介ならば校歌とか，町の紹介であればその町にまつわる音楽等，楽譜を入手して自分なりに音色等を設定して入力してみよう。五線入力が可能なソフトを使い，楽譜を忠実にパソコン画面に転写する。その際メロディーと伴奏を異なるトラックに分割して入力すれば，さまざまな音色を割り振ることができる。すべて入力が済んだらパソコン上に MIDI ファイル（SMF ファイル）で保存しておく。また，パワーポイントでは MIDI ファイル以外にも WAV オーディオファイルも再生可能なので，IC レコーダーがあればいろいろな効果音をクリップ上で再生することもできる。鳥の声や小川のせせらぎといった自然音，車やオートバイ，電車の通過音などの機械音，さらには自分でいろいろな音を作ることもできる。こういった非音楽音であっても，クリップ上にそれらを配置することは

＊3　http://www2.jasrc.or.jp/eJwid/

立派な「音楽」的表現なのである。想像力を働かせて楽しい音づくりにチャレンジしてみよう。
④映像の録画
　あらかじめ作成されたストーリー構成に準じてデジタル・カメラ等を使って動画を録画する。データはメディアプレーヤーで再生可能な形式で保存すれば簡単にアップできる。
⑤パワーポイントを使った編集
　構成に沿って「ビデオとサウンド」の項目からパワーポイント上に流す映像と音声，MIDIファイルを選択し配列する。次に「スライドショー」から「ナレーションの録音」を選択し，ナレーションを入れてみよう。また，必要であれば文字入力をし，レイアウトを整理する。もちろん機能を使えば簡単なアニメーションも再生できる。この結果，ナレーションを含めた音楽と映像を1台のパソコンで再生し，マルチメディア表現を実践することができる。

4. おわりに

　パワーポイントは，通常プレゼンテーション用のソフトと考えられがちであり，芸術表現の演習のために使うことはまれであるかもしれない。しかし，時間や手法等，ある一定のルールに従って動画，音声，音楽をリンクさせつつパソコン上で表現する手法は，マルチメディアによる統合的芸術表現にほかならない。ここで実践した表現手法を活用し，授業実践でも大いに活用してほしい。

7節. 実践的音楽活動での表現する力の育成

1. 授業実践テーマ　「教員・保育者養成において求められる体とは」
(1) 授業実践の目的
　今回ここに示す実践例は，教員・保育者養成のための科目における継続された取り組みの一部である。これらの実践を通して，幼稚園教諭や保育者の資質として必要となる「子どもの表現に寄り添う」ということ，またそれを実践できる体とはどのようなものかについて考えることをまず目標とした。幼児教育における表現領域は，たとえば小学校における音楽科や図工科のように単一教

科として成立するものではなく，1つの学問領域では把握しきれないもの，いわば学際的立場での理解，複数の学問領域が包括された間領域的な把握をともなうというものである。このことは，子どもの表現そのものが形にとらわれない未分化なものである証でもあることから，表現領域においてもこの視点が学生にとって重要ととらえ，子どもの表現に寄り添うことのできる体をはぐくむことが同時に，子ども理解を深めることにつながると考える。

【事例1】身のまわりの音を感じ取る（音環境について）

内容：オノマトペ（擬態・擬音語）を用いた表現について。

方法：休日の出来事について，オノマトペを用いた"音日記（音絵日記）"として記録する（図6-1）。またオノマトペにふさわしいフォント（字体）や色調なども考慮すること。

■ 図6-1　学生Aの作品

> 　今日は，サークルの新人歓迎バーベキューを行ないました。いい雰囲気の中で耳を澄ますと，いろいろな音が聴こえて，実際には音はしなくとも，体や心で感じられる音にあふれていました。今まで見逃していたことや意識しなければ気がつかなかったことが数多くありました。これからも耳・体・心を研ぎ澄まして，いろいろな表現をキャッチしていきたいです。

　学生Aは，楽しかった思い出を描き視覚的に訴えることにより，平面的にその一瞬を閉じ込めるだけではなく，さまざまな字体や色調のオノマトペを配置することによって，一瞬であった静止画に魂を吹き込み，動きを与えることとなった。そして，その場の楽しかった雰囲気をまさに表現することができた。結果，耳により聴こえてくるさまざまな音の発見と，聴覚だけでなく体全体で感じ取る音の存在も感じられたようである

【事例2】譜面上に見えないものをとらえる

内容：音を視覚化（図形化）する意味を考える。
方法：図形楽譜[*4]を用いて書かれたヴォイスアンサンブル曲『THE LIFE GAME』[*5]（筆者作曲）（図 6-2）にグループで取り組む。3つのパートの中から，各グループが担当するものを決め，読譜のための楽譜解釈についてグループ内でディスカッションし，曲の内容やそれぞれのパートが表現する人物像などを考慮し，そのための発声や声質，表情や動きを考え，演奏する。

　特にこの活動において，筆者は授業担当者としての立場ではなく，その楽曲を作曲した一表現者という立場を取り，演奏者としての学生へ提案するという関係を明確に提示したうえでグループでの楽譜解釈を行なった。しかしながら

[*4] 音符などを用いる既存の音楽記譜とは異なり，線（曲線）や点，丸や三角などの形，あるいは文字や色などを用いた音楽表記。具体的な記譜法とは違い，図形によって音楽的な要素を連想し，記号を意味づけることにより，その反応として演奏者に演奏やその動作を喚起させる。

[*5] 1991年に作曲されたヴォイスアンサンブル曲。ケンブリッジ（MA. U.S.A）にて初演。ソロヴォイス曲『ACT 1』が原型となっており，後『ACT 2』『ACT 3』が制作されアンサンブルとなった。各パートがシンクロナイズするための厳密な指定はなく，3パートによるやりとりとして構成されている。

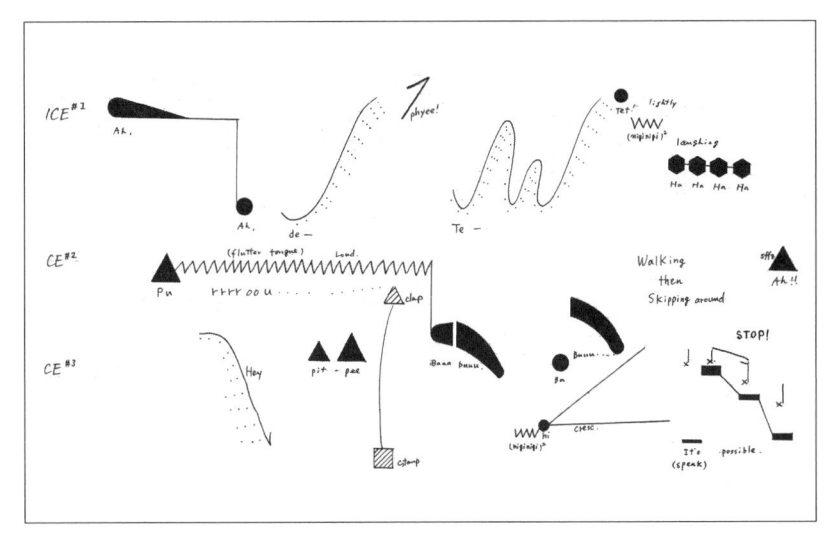

6章　体験・共感・創造性を重視した「教育の方法と技術」――メディアを取り入れた養成教育の試み

■ 図6-2　譜例『THE LIFE GAME』より

譜例（図6-2）にもあるように，既存の音符を用いた楽譜表記とはまったく違い，当初はとまどいを隠せない学生がほとんどであった。

そこで，曲に関するエピソードなどを説明しながら，人それぞれが持つ違った声質，そしてそれを象徴するかのような人物像やキャラクターなど，すなわち音楽を解釈するためのニュアンスの源となるものを演奏者の表現に委ねるという理由で図形楽譜を採用したことなどを学生に伝えた。そのようにして，少しずつ図形を音へと変換し，意味をつけていったのである。

学生Cは，次のようにコメントし，いろいろな表現の可能性に気づいている。

『THE LIFE GAME』のようなオノマトペを用いた活動は，私の中の表現の枠を取っ払い，内面を広げた。表現は容易なものから複雑なものまで多岐にわたるのだが，その人に応じた形で，誰にでもできるものであるということを学んだ。

さらに，学生Dはその経験を次のようにとらえ，その図形楽譜を表現しようとする中で他者との触れ合い，意思の疎通が生まれ，心地よさを感じるに至っている。

> 　円形や三角，線などで書かれた記号を音と考え，3パート合わせて合唱するものであった。しかし，図形を音として読み取る作業は，今まで経験したことがないものだったので，グループ全員のディスカッションを通して発想力が結集されたように思った。そこには，誰が正しいとか間違っているとかがなく，味わったことのない空間がつくられたようだった。そして，おもしろかったのは，演奏の時，他のパートの人とアイコンタクトをし，お互い意思疎通ができたことが心地よく，とてもうれしかった。

2. 心と向き合う体

　2つの実践例を紹介したが，学生のエピソードからもわかるように，与えられた素材や活動方法または活動をともにするグループ内のメンバーなど，これまでに体験することのなかった空間において感じられる関わりにおいて自分の存在が発見できたことが，学生にとっての収穫であったようである。その空間では，「自分がどのようにしたいのか？」を自身の体に語りかける，すなわち没頭することにより，体全部で音に向き合い，世界に関わったと考えられる。それは，単一の感覚（聴覚）だけに頼らないで，感覚を総動員して音の聴取を実践する中で，創造的空間が成立したと考えられるのである。

　また【事例2】の活動では，作曲者である筆者は演奏者が表現することを通して楽曲制作に介入できることを目的としたうえで図形楽譜を採用し，楽譜としてあえて枠組み程度の提案に留めた。結果，演奏家である学生は，その体で表現することにより，高い当事者意識による演奏という経験をし，演奏というパラダイムを再生（play）から解釈（interpretation）へと転換させることができた。

　これら実践例は，まさに方法を模索する途上であり，これからもさまざまな試みを通して変容を遂げていくのであろう。教員養成のための授業実践における変容は，学生とのやりとりの変化そのものであり，その関係こそが表現そのものであり，体に対する認識という技術を獲得し洗練させることが，いきいきとした教育方法をつくりあげるのであろう。そのためにも表現がはぐくまれる環境をどのように構成すべきか，またそれを具体化する個々の体とそのはぐく

みについて，よりいっそう検討すべきである。

8節 五感を使って表現する力の育成

1. 授業の目的と考え方

　子どもが外に表わす行為を見ていると，そこにはその子どもの欲求，感情，意思などすべてが込められている。そしてその発達レベルに応じた行為をする。そのような行為を表現として受けとめ，その成長を丁寧にみると，「表現」とは個が人間につながる行為といえる。その実感を伴った行為を通して子どもはすべてのことを認識していくのである。そのため，幼児期の表現とは「生きていく営みそのもの」であると位置づけられる。領域・表現の授業は，歌い奏で・描き造る子どもの行為（音楽・造形）を人間の表現の1つとして理解し，育てるための視点や方法を獲得することをねらいとする。

　養成校の「音楽」や「美術」の教育は，専門分野の「技術」の指導の紹介に陥りがちである。その根底には，子どもは大人に比べて未熟な存在であり，「教える，指導する」のが保育者の役割だという教育観がある。しかし幼児期の特性を踏まえるなら，大人からの一方的な指導は必ずしも子どもの表現を育てるうえで，効果があるといえない。なぜなら生活や遊びの文脈，発達の過程を抜きにしては，子どもの表現を受けとめ，その表現を豊かに援助する方法は考えられないからである。

　子どものいきいきとした「表現」の世界に近づくには，子どもの柔軟な思考や行為に寄り添えるように，学生たちの型にはまった表現への身構えを柔らかくする必要がある。授業では，以下の3点に基づき実践力の育成を試みた。

①全身で遊ぶ体験を重ね徹底して学生自身が表現すること，自らの中の子ども性や表現を楽しむ感性に気がつくことを目的とした。

②体験を手がかりに，子どもの発達過程に伴う表現のさまざまな特徴を領域の視点として持つことを専門基礎力の育成と考えた。

③音楽・造形それぞれの表現の特徴（共通することや異なること）について理解を深め，保育実践の具体的な手がかりを探った。

2. 授業の構造と内容

　授業に際し，教員間で音楽・造形それぞれの子どもの表現活動の実際を擦り合わせる話し合いを重ね，「子どもの成長」を軸に「音楽」「造形」をその両翼に対称的に配した授業構造を構想するに至った（表6-1 参照）。

(1) 素材を遊ぼう

　「表現」というと，目の前に表わす側面ばかり考えがちだが，実際の表現活動は1人の人間の中に創出（アウトプット）と感受（インプット）が同時に立ち上がる瞬間の連続である。だからこそ，そこに実感を伴う喜びや葛藤が生まれる。特に乳幼児の場合は，作品や結果のために歌ったり描いたりすることはなく，むしろ「触ってみたい」「やってみたい」といった好奇心に支えられた認識活動なのである。最初の授業では，結果として形の残らない「行為」そのものを遊ぶ活動を行なう。音楽では「リズムを遊ぶ」，造形では「物に触れる」ということをキーワードに活動する。ウォーミングアップをかねて，学生の既成概念を崩すことを目的に，子どもの遊び方に即しながら，自らがリズムや物で全身を使って遊ぶ活動を行なう。

　音楽は時間軸上に生起する現象なので，過ぎ去れば何も残らない，このことが子どもの表現をとらえることを難しくしている。そこで，将来，洗練された音楽へと育つ芽がどのような姿になって子どもの実際にあるのかという，いわば音楽表現の素材とはどのようなことかを理解できるような活動にした。たとえば，リズムの成立要素・要因であるテンポやタイミングを感じられるじゃんけん遊びなどである。

　造形では，1枚の紙（新聞紙）を使ってどんなことができるか，ありとあらゆることを試してみる。実際に素材に触ることで得る感触や，素材の変化に引き込まれながら，子どもの発想が次々生まれていく過程を体感していくことが

■ 表6-1　授業の構造

＜造形＞	＜音楽＞
1．素材を遊ぼう	1．素材を遊ぼう
2．技法（道具）を遊ぼう	2．技法（音楽文化）を遊ぼう
3．表現を遊ぼう	3．表現を遊ぼう

ねらいである。体を動かし，物に働きかけることで→物はどんどん変化する→次々発想が生まれていく→また物に関わっていく→さらに発想が生まれていく→さらに物に関わっていく……（エンドレス）。造形活動は，物に手を加えて変化させることであると同時に，「自分自身が新しくなることなのだ，子ども（人間）は本来クリエイティブなのだ」という根本的なことを体感・認識していく。

(2) 技法（道具・文化）を遊ぼう

創造の現場においては，「目的と技術」というような二項対立した固定的な考え方は通用しない。最初に目的とする「表現したいこと」は，その表現の過程で次々と生まれ変わる。表現は「あらかじめあるのではなく，表現は自らすることによってしか生まれない」という考えに立つと，「技術」は単に伝授する技ではない。その子どもが「こうしてみたい」「ああしたらどうだろう」という技術に対する必要感が子どもの中に生まれた時，大人からの技術の伝授が意味を持ってくる。自分なりのやり方でチャレンジする様子を見守ることが重要である。

音楽では，園生活における具体的な活動（文化）を紹介し，学生は体験しながら，どこに子どもの喜びがあるか検証していく。さらに技術的な面からも，子どもがより自分のペースでじっくり楽しみながら獲得することを支えるための配慮について学ぶ。「素材を遊ぼう」の活動が音楽の要素（リズム）を取り出して理解したが，技術的に洗練された音楽のスタイルを体験する。

造形では，道具を使うこと自体を楽しむ子どもたちの様子を紹介し体験する。さらにそこで生まれた結果としての「形」をあれこれ試しながら扱い遊ぶ体験を行なう。「素材を遊ぼう」の活動が「触覚的」だったのに対し，ここではより「視覚的」な遊びの体験をする。

(3) 表現を遊ぼう

(1)(2)の活動が，行為そのものを遊び，遊びの中から自分なりの表現を生み出す過程の理解を深める活動であるのに対し，ここではより目的を持って個人で，あるいは集団で表現することを遊ぶ活動を行なう。

音楽では，ラジオドラマ制作という共通の目標を持ってグループで制作発表していく。ここでは「何をどのように表現するか」ということを共同で考えるということが，学生に対する大きな課題である。

造形では，はがき大の厚紙に四角い窓を開け，それをカメラに見立ててスケッチ遊びを行なう。窓からのぞくことで，ふだん何気なく見ている風景や身の回りのものを改めて意識し，おもしろさや美しさを見つけていく。さらに，気に入ったモチーフから受けた印象や特徴を，さまざまな材料を用いて作品化し発表する活動を行なう。

　どちらの授業も，表現したい目的そのものを十分に遊ぶことから始めることで，モチーフやテーマを一方的に与えられるものとしてではなく，自らの中に育てていくことの意義について考えていく。さらに製作の過程での発見や葛藤が，目的そのものを強化したり深化したり，さらには柔軟に転換していくことにつながることを，存分に体験しながら理解する。

(4) 子どもの表現を味わおう（音楽・造形共同授業）

　最終授業では活動の検証を兼ね，子どもの実際の表現活動の様子を作品や映像を見ながら，子どもの成長と表現に関する説明をする。学生は授業で体験し気がついたことをもとに，子どもの活動を見ることで，保育実践の中で生かしていく視点や具体的な方法，配慮について改めて整理し考える。このように，音楽・造形が共同での授業を行なうことで，それぞれの分野の表現の持つ特徴や共通点や違いなどを子どもを軸に考えていく。

3. 創造的な子どもの表現に学ぶ

　1つの構造を持って授業を行なうことで，それぞれの表現（音楽・造形）の特性や教育方法の違いが鮮明になる。しかしそこに貫かれているのは，1人の子どもの未分化な表現・営みである。その表現は時にはたくましく，時には繊細であり，創造的な表現であることを再確認する。

　「音楽や美術の技法を学ぶ」のではなく，「子どもの表現に学ぶ」ことが大切である。子どもの表現が生まれ育つ過程への理解を深めることで，音楽・造形分野の垣根を超えることができる。保育者の役割とは，立派な演奏や絵の表現を指導するのではなく，個が自己をのびのびと発揮し，表現できるように，その子どもの表現に寄り添い共感し，援助や提案ができることである。

6章 体験・共感・創造性を重視した「教育の方法と技術」――メディアを取り入れた養成教育の試み

9節 情報機器の操作に関する技術習得を通した保育実践力の育成

1. 演習の目的

今回の授業実践では，養成校においては学生の目線の転換と保育者として成長していくための能動的学習活動の一助として，また，将来的には保育者の「専門性を高め」，さらに「保育実践や保育の内容」についての保育者間の「共通理解」と，「協動性を高めていく」ための具体的方法論確立の糸口として，情報機器，特にビデオ機器を利用した授業実践について論じていく。

2. 具体的な演習方法と学習目的

授業のテーマ

「情報機器を利用したテーマ設定能力と情報伝達能力・情報共有力の育成」

使用機材

・ビデオカメラ（DVカメラ）・ビデオ編集ソフト（Canopus EDIUS PRO 等）
・ハードディスク（外付け USB 接続）

学習形態

グループ学習（1グループ3名程度）

演習内容

①テーマ設定作業
②素材構成作業
③素材収集作業
④ビデオ編集作業
⑤ふり返り

まず，養成校においてビデオ機器を授業に取り入れることで具体的にどのような能力を身につけることが想定されるかということについて具体的に考察を加えていくことにしよう。

ビデオ機器を授業で取り入れる場合，ここでは，自分たちが伝えたい情報をビデオカメラで撮影し，効果的に編集したうえで相手に伝えるということを前提とした演習形式の授業を想定した。

その場合，大きく分けて5つの作業による学習が想定される。まず，誰に何を伝えたいのかという①テーマ設定作業，どのように撮影し編集するかという②素材構成作業，そして，ビデオカメラを使い実際に映像素材を集める③素材収集作業，さらに，実際に撮影した映像素材等を編集する④ビデオ編集作業，最後に編集済みの映像を全員で視聴する⑤ふり返り作業，である。

次にこれら5つの各部分における学習目的について明確にしていこう。

(1) テーマ設定作業

通常，養成校における情報機器を用いた授業では，パソコンを中心とした，情報機器が使えるようになるという目標がある。よって，まずそれらの使い方を覚えることが優先される。すなわち，あらかじめ用意されたお知らせプリントや名簿を題材にし，その作成の仕方を習得していくという学習方法である。しかし，今回のビデオ機器を利用した授業実践では，そのような課題をパソコンを操作しながら再現するという学習方法ではなく，相手に多くの情報を的確にわかりやすく伝えるにはどうすればよいかということを考え，そして，それを具体的にビデオとパソコンを利用して構築していくことに重点を置く。

つまり，初期段階で，学生が主体的に相手に伝えたい内容についてのテーマ設定を行ない，その手段としてビデオ機器を使用するという手順を踏んでいくのである。要するに，伝えたい題材を見つけ，なぜそれを伝えたいのか，どのようにして伝えれば伝わりやすいのかといった「テーマ設定」の段階から学生自身が主体的に活動していくことになるのである。

したがって，お知らせプリント作成のような，用意された題材をそのまま再現するという学習内容ではなく，白紙の状態から一つひとつ自らの手で作り上げて作品にするという創造性を伴った学習を行なっていくことになる。

テーマ設定作業が終了したら，その内容がよりよく伝わるように全体の構想を練っていく「素材構成作業」に入っていくことになる。

(2) 素材構成作業

具体的にどのようにビデオ映像を撮影していくか，インタビューを行なう必要があるのか，字幕を効果的に入れるにはどうすればよいか，BGMをどうするか，内容に関する解説を現場で行なうかアフレコするかなどについて煮詰めていく。ここをしっかりと詰めておかないとあとでもう一度，撮影をし直さな

ければならなくなる。全体の大枠をしっかりと決め，どのような手順で次の「ビデオ編集作業」をしていくかというところまでを念頭に置き，細部の計画を決めていく。いわゆる設計図作りである。

　この段階で最も重要になってくるのが客観的視点である。視聴者の目線を常に意識し，わかりやすさを大切にしながら構成作業に取り組まなければならない。ここでは，主観的視点から客観的視点への目線の転換が必要になる。

　実習中の学生が，まれに「紙芝居をしたのだが子どもたちがあまり興味を示してくれずがっかりした」などという感想を漏らす場合がある。その発言の背景には，「自分は一生懸命やっているのに……」という自分中心の視点があり，どうしたら子どもたちが興味を持ってくれるのだろうかという，子どもたちからの視点が欠けた保育者としての意識の未熟さが感じられる。これは，主観的視点から客観的視点への目線の転換ができていないことから生じた発言であると理解することもできる。

(3) 素材収集作業

　今回の授業実践においては，客観的視点を意識させるために，素材収集作業におけるビデオ撮影時には，必ず自分自身が一度は出演し，撮影素材についての説明を行なうように指導している。それは，自分に対する客観的視点を撮影後の視聴の際に意識的に印象づけるためである。また，撮影時には，ビデオカメラという視界の限られた機材をどのような視点でどのように操り，情報を収集していくかという撮影についての工夫が必要になる。

　ビデオカメラで撮影するということは，このように常に素材に対する視点をどこに置けばよいのかという客観的視点を意識することが必要になるのである。

(4) ビデオ編集作業

　ここでは，パソコンのビデオ編集ソフトを使って作業を行なう。素材構成作業で作成した設計図をもとに，素材収集作業において収集した素材を統合し，1つの作品を作り上げていく。ビデオ編集ソフトのタイムライン上にこれまで収集した素材を組み合わせていく作業を行なうのである。ここでは，編集した内容を，リアルタイムでふり返ることができる。よって，素材構成作業の段階で見落としていた部分も補うことができるし，ビデオ作成の最終段階であるビデオ編集作業においても情報をわかりやすく伝えるためのさまざまな試行錯

誤をくり返し行なうことができる。この過程で，撮影した映像を貼り合わせ，BGMやアフレコ，テロップなどを加えていく。

(5) ふり返り

作品が完成したらそれぞれのグループの作品を視聴し，「ふり返り」の意見で相互評価を行なう。この相互評価も今回の授業では重要な役割を担っている。他のグループの作品と自分たちのグループの作品とを見比べ，自分たちの作品がどの点ですぐれており，どの点でさらなる工夫が必要なのかということを客観的に認識する役割を担うからである。場合によっては，他のグループの作品を観て自分たちの作品に対する新たなアイデアが浮かぶ場合もあろう。時間が許せば作品にさらなる工夫を加えてみてもよいだろう。

3. メディア活用のこれから

この授業で，映像を編集するという経験をすることは，学生にとって，能動性，客観性，構成力を身につけるということにつながる。そして，それは，実際に保育者として現場に出た際の専門性の向上や保育所保育指針に示されている「保育実践や保育の内容に関する職員の共通理解を図り，協動性を高めていくこと」（厚生労働省，2008）に役立つと考えられる。

保育の現場でビデオ撮影を行なうことについては，個人情報保護の問題などクリアしなければならないこともあろうが，客観的な情報としてビデオ機器を保育の現場に取り入れることができれば，使い方しだいでは，現場で撮影したビデオ映像を編集し視聴することで，保育内容のふり返りや，保育事例の共有という「保育実践や保育の内容に関する職員の共通理解」の一助になる。また，それをもとに各職員の保育内容について議論していくことで，職員間の「協働性を高めていくこと」に役立つ可能性も高い。

ビデオ撮影や編集作業を経験した学生が保育者として現場に立った時，情報機器を巧みに使いこなし，保育内容のふり返りに活用していくことで，「反省的実践者」（Schön, 1984）として，専門性を高めていくことができれば，養成校で行なった，この種の授業実践は成果があったということになるのではないだろうか。

7章 教育実習と養成の授業を融合させる工夫

1節 新しい発想の劇遊びを体験する

1. はじめに

　子どもは，ひとりでする「ふり遊び」から徐々に友だちとイメージを共有して「ごっこ遊び」を始める。そこには，必ずコミュニケーションの問題が介在し，年齢が幼ければ幼いほど保育者が援助する必要がある。日々の保育で遊びが盛り上がるとごっこ遊びから劇遊びに発展することがある。そして，劇遊びは子どもたちにとって重要な活動と考えられている。今回は，日常の保育から劇遊びへ展開された過程を順に追って示す。

2. 子どもの姿に保育の展開のヒントを得る

　子どもたちは，日々の遊びの中でアニメのキャラクターごっこ，お母さんごっこ，犬などに変身するペットごっこなど，ごっこ遊びをする。特に，ペットごっこは，人気の的で「私が犬の役」「〇〇ちゃんが猫になる」など，役の取り合いであった。保育者は，その子どもたちの様子をじっくり見て判断し，体を使って動物を表現するダンスへと導いた。以下，3歳児T組の2学期の姿に沿って見ていく。

　T組に，2学期に入ると『ザ ジャングル』（阿部直美作詞，淡海悟郎作曲）のダンスを楽しめるように保育室に『ザ ジャングル』の音楽（CD）を小さな音でかけておく。子どもたちは音楽が大好きで「先生，この曲なあに？」などと問いかけてくる。保育者は曲名を子どもたちに話し，自然に保育者が体を動

かすと子どもたちもまねる。子どもたちは、「でたあゴリラだ」「キャ〜〜ッライオンだ」という歌詞にケラケラ笑いながらダンスを楽しむ。子どもたちは保育者が想像していたようにこのダンスを楽しみ、ダンス後も動物になりきり遊んでいた。

3. 子ども自身の活動を豊かにしていくように援助する

　保育者は、子どもたちがどれくらいジャングルについて理解しているのかがわからなかったため、ある日ダンスが終わったあとに子どもたちに尋ねてみた。その要点は表7-1である。

　ジャングルについて興味はあるが知らないことも多い。そこで保育者は子どもたちが降園したあと、子どもたちが好んで読む絵本を置く机の上に、ジャングルに関する絵本を手に取りやすいように置いておいた。

　次の日、子どもたちは早速それに気がつき、ジャングルについて調べ始めた。その後、ジャングルについて理解した子どもたちは、ジャングルの中にいる動物たちをおのおのの自由画帳に描き始めた。保育者は画用紙、段ボール、絵の具、クレパス、色画用紙、粘土、廃材などを用意しておくとそれらを利用して、平面の動物を描いたり立体的な動物を作り始めた。

　子どもたちは、作った動物を用いて動物の鳴きまね（パオーンパオーン、キッキッキ、ガオーガオー）や、動物を動かして楽しんでいたので、よりお話づくりを進めるために手で操れるペープサートを考えた。保育者は、その準備として割りばしよりも少し長めの棒を用意して、いつでもペープサートを作ることができる環境を整えた。保育者が、はじめにジャングルにいる動物を1つ作り始めると、子どもたちも自分が気に入った動物を描きペープサートを作り出した。

■ 表7-1　子どもたちへの質問「ジャングルって？」

私たちが、ジャングルについて知っていることは何？	私たちが、ジャングルについて知らないことは何？
・ゾウやキリンなどがいる ・暑いところ ・木がたくさん生えているところ	・人が住んでいるのかな？ ・お花は咲いているのかな？ ・動物は、何を食べているのかな？

子どもたちはできあがったペープサートを手で動かしながらお話づくりをし始めた。保育者が，時々「ゾウさん，どこへ行くの？」など言葉がけをすると，子どもたちもゾウのペープサートを動かしながら，「お水を飲みに行くところ」などと答える。子どもたちは，どんどんジャングルの動物を作り，お話づくりは盛り上がった。

また，これと同時に子どもたちは，自分の体を使って動物の動きを表現してもいた。その姿を見た保育者が，保育者自身が創作した曲をピアノで弾くと，子どもたちは，自分のイメージしているゾウやチンパンジーになりきった動きを楽しんでいた。

このように，ジャングルの話は子どもたちの中に浸透し，保育者が考えていた以上に遊びが継続した。子どもたちは，ジャングルの話も上手につくっていた。ちょうどその頃，年中組や年長組とのお別れ会が近づいてきたので，保育者は「今度のお別れ会に何をしたい？」と誘うと，1人の子から「ゾウさんがやりたい」と声が上がると，他の子たちが「私はキリン」「私はチンパンジー」などと一斉に声を上げた。そこで，お別れ会に「ザ ジャングル」をすることになった。子どもたちの中にはナレーター役も登場し，「あれ？ 何の動物が出てきたかな？ あ！ゾウが出てきたよ。見て」など，上手にセリフを考えて話していた。

4. お別れ会の劇遊びのあらまし

劇遊びが始まる。まず，子どもたちは自分が何になるか，なりたいかを話し合い決めた。その後，ペープサートで遊んだ時のセリフをもとにして，言いやすいように変えたりした。くり返し劇遊びを楽しみ平行して，小道具を作り，積み木を大道具代わりにしたりした。

さらに，子どもたちは劇遊びを重ねていく中でゾウが出てくる場面では，手をゾウの象徴である長い鼻に見立ててのそのそ出てくる。「パオーン，パオーン」と言いながら出てくるのだが，ほかの子どもたちからは，「もっとゆっくりだよ」「のっしのっしと歩くんだよ。強そうにね」などという声が上がった。また，歌を作った子どももいた。その歌をピアノで弾き（図7-1），劇遊びの中に取り入れた。

ジャングルのおともだち

3才T組作詞・作曲（担任補足）

(楽譜)
のっそり　こーっちへ　きたよ　ちーいさな　ぞーさんが
めーでー　みーんなを　みてる　のーし
のーし　ぞーさんが　あるいてるー　のーし
のーし　こっちまで　おいで

■ 図7-1　動物の動きに合わせた歌を子どもたちとアレンジした曲

5. 結び

　紹介した，新しい発想の劇遊び「ザ ジャングル」を「保育方法」の視点からふり返ると，角尾（2008）の「プロジェクト型の保育」の実践に相当する。ここで求められる保育者の資質・力量は保育中の子ども理解力であり，子どもたちの興味のありかを瞬時に把握し，必要に応じて支援の方法を考え出す力である。さらに遊びを広げ発展させるのは，子どもどうしや，子どもと保育者の

会話・動きによる表現に加え，遊びの発展をたすける大・小の道具作りである。

「ザ ジャングル」の事例のような方法で日常のつもり・ふり遊びから劇遊びへ創造的に展開する保育をしてみよう。将来保育者になろうとする人自らが体験し保育のヒントを得て，第一歩を踏み出すことをすすめたい。

2節　ミズリー州立大学コロンビア校人間発達家族研究学部の保育実習

1. はじめに

本節では，ミズリー州立大学コロンビア校人間発達家族研究学部の保育実習の例を紹介することで，保育者の力量向上のための方法論を講じたい。筆者が2002年より2008年まで所属したミズリー州立大学人間発達家族研究学部は，米国の中では名前が知られており（教授陣の研究論文発表の頻度は，全米上位5％以内に含まれる），附属園である Child Development Lab（CDL）は全米のチャイルドケアセンターのトップ10の中に選ばれたことがある。また7年前までは NAEYC（National Association for the Education of Young Children: 全米幼児教育協会）の元会長の Kathy Thornburg 氏が園長を勤めていた経過もあり，保育実践および保育政策研究の最先端を目指している。

筆者はこの附属園で，プリスクールクラス（日本の幼稚園に相当する）の補助教員，3歳未満児を対象とした保育実習の講座「3歳未満児の発達とプログラム（Infant-Toddler Development & Programs）」のティーチング・アシスタント，保護者という3つの側面から関わってきた。補助教員として勤務した折には，講座「附属園実習」の様子を観察する機会にも恵まれた。まず簡単に園の概要を述べる。

附属園には以下の4つのクラスがある。
① 生後6週間から30か月までの子どもを終日（午前7時から午後6時）預かる保育所の Blue Door クラス（定員15名）。
② 2歳半から5歳までの子どもを終日預かる保育所の Green Door と Yellow Door クラス（定員それぞれ約20名）。
③ 2歳半から5歳までの子どもを半日（午前9時から午後3時半）預かるプリスクールプログラムの Red Door クラス（定員15名）。

④キンダーガーデン児（日本の6歳児）から小学3年生までの子どもを早朝（午前7時から午前8時半）と夕方（午後4時から午後6時），および夏休み中（午前7時から午後6時）預かる学童プログラムであるRed Doorクラス（定員26名）。なお，Red Doorの教室は，早朝と夕方には学童保育，日中にはプレスクールに使われている。

　各クラスには，修士号を持つ幼児教育者が1人ずつ担任保育者として配置され，実習関係授業を担当している。担任以外では，すべての保育者が保育・教育関係の大学を卒業しており，中には修士号を持つ保育者や院に在籍中の保育者もみられる。たとえば，筆者の娘がRed Doorプリスクールプログラムに在籍した2002年には，担任保育者2名が修士号を持ち，アシスタントの保育者は大学院生であった。

　このミズリー州立大学コロンビア校人間発達家族研究学部の実習プログラムの特徴として挙げられるのは，①対象児1名を1学期間にわたり観察し，発達ポートフォリオを作成する，②親と関わる力をはぐくむ[*1]，である。ここでは，発達ポートフォリオの実習教育における役割について述べる。

2. 今なぜ，ポートフォリオなのか

　ポートフォリオについてさまざまなレベルで論じることができる。まず，大学教員もしくは教員養成課程の学生が作成するティーチング・ポートフォリオがある。ポートフォリオを作成していくことで，それぞれの教員が教育の技術や質を高めていくだけでなく，まわりにその教育の質の高さを証明するものであり，教育責任を果たすことにつながると考えられている（Murray, 1997）。最近日本にも導入されつつある，学生による教員評価表だけでは，その教員の指導能力を測るにはあまりにも短絡的であり，さまざまな角度からデータを集めることが公正な評価につながると考えられる。たとえば，授業シラバス，学生たちのレポートや作品のサンプル，教員の省察，教員が授業の向上や改善の

---

*1　②「親と関わる力をはぐくむ」については，（財）こども未来財団委託研究「親参加型子育て支援活動の実態調査と担当者の専門性に関する研究」（主任研究者　大戸美也子）（2008年）の事例14「教員養成における親と関わる力を育む取り組み」（p.153-158）に報告したので，参考にされたい。

ためにどのように努力しているか，などが含まれるであろう（The University of Texas at Austin, 2008）。またティーチング・ポートフォリオの中には，教育や指導に関する哲学（teaching philosophy）が含まれることから，自分なりの教育哲学を構築していく機会でもあり，大学教育のあり方の研究にもつながる。

次のレベルのポートフォリオとしては，初等教育もしくは幼児教育に携わる教員らが，自分のクラスの子どもたちを評価することを目的としたものである。これは，伝統的な（traditional assessment）と相対する評価方法として定義づけられており，確実性のある査定（authentic assessment）と呼ばれている。NAEYCなどでは，小学校低学年以下の子どもに標準テストを課すのはふさわしくないと提唱しており，むしろ観察，記録，ポートフォリオ，子どもたちの作品などを用いた確実性のある査定で評価するべきだと述べている（NAEYC, 1988）。それでは，この場合ポートフォリオとは，どのようなことを示すのであろうか。下記に紹介する。

・子どもの作品を目的的に集めたもので，それぞれが達成したことや成長のストーリーを語るもの（Arter et al., 1999）。
・ある一定期間の子どもたちの成長，進歩，努力を表わすドキュメンテーションを目的的に幅広く集める過程　（Hanson & Gilkerson, 1999）。
・具体的な指導の目的や目標に対してどうであったかを示すもの（Pierce & O'Malley, 1992）。
・生徒たちの興味，態度，スキルの範囲，ある一定期間の発達を例示するもの（Gelfer & Perkins, 1998）。

このように定義づけをみていくと，単に子どもたちの作品を無差別に集めるのではなく，保育の目的や目標をもとにして，子どもたちがどのように成長を遂げていったかを，心情，興味，スキルなどのさまざまな角度から時間的系列に沿って記録していくことを意味している。

ポートフォリオを集めるのは教員だけでなく，子どもたちにもその主体性が任されている。たとえば，子どもたちにいくつか描いた絵の中から1つだけ一番よいと思われるものを選ばせたり，自分の作品の中でどういう点がすぐれているか，また改善していったらよいと思うのかを子どもに尋ね，文章にして

書かせることもある。このような過程の中で，早い時期から自ら学ぼうとする力や省察する力を養い，子ども自らが学びの責任を担うことをねらいとしている（Arter et al., 1999; Duffy et al., 1999; Smith, 2000）。ポートフォリオを用いた教育や保育のあり方が，子どもたちの学習や発達にどのような影響を与えるかについては，論文がかなり発表されているので参考にされたい（たとえば，Cohen, 1999; Courtney & Abodeeb, 1999; Fenwick & Parsons, 1999; Helm & Katz, 2001; Meisels, 1993; Pastor & Kerns, 1997; Potter, 1999）。

3．発達ポートフォリオを用いた実習プログラム

さて，このミズリー州立大学コロンビア校人間発達家族研究学部では，対象児を1学期間にわたり観察し，発達ポートフォリオを作成していくことになっている。このポートフォリオは，実習評価の一部に使われるだけでなく，対象児の親へ手渡すことになっている。実習終了近くの学期末には，親と実習生と担任教員による三者懇談会が実施され，発達ポートフォリオを親に手渡す。それでは順に，発達ポートフォリオの中身について説明する。

(1) 観察記録

観察記録は，身体発達，認知言語発達，社会感情発達の3つの柱を中心に，具体例やドキュメンテーション（記録文書。この場合，子どもの作品，会話，写真など）を豊富に取り入れながら，時間をかけて収集していく。ここで特徴になっているのは，①NAEYCより出版されているDAP（Developmentally Appropriate Practice: 発達にふさわしい教育実践）の各年齢・月齢ごとの到達基準と照らし合わせながら，どのような発達が出現し始めているかを観察すること，②観察は1回きりでなく，1学期間を通してその変化に注目していくこと，である。

たとえば身体発達については，A「身体の特徴，健康，食欲，エネルギーのレベル」，B「筋肉のスキル」，C「小筋肉のスキル」の観点から，記録を取ることになっている。その場合，DAPに紹介されている身体発達における各年齢もしくは月齢ごとの到達基準の一覧表をコピーし，対象児の様子と照らし合わせながら，該当すると思われるものは蛍光ペンでチェックしていく。そして学期を通して，何度か身体発達を観察するごとに，蛍光ペンの色を変えて記し

ていくことで，対象児の発達の流れを視覚的に理解することができる。

　観察記録を取る時には，なるべく主観的な表現を避け，具体例を詳しく挙げ，客観的な言葉を選ぶように心がけることをあらかじめ指導する。さらに観察は長所に目を向けること（strength based）をわきまえて，子どもができないことにとらわれるのではなく，今どのようなスキルが出現しているのか，前向きな記述を目指すことが重要である。

(2) 個人の目標

　実習生にとって最も難しいのは，自分の観察記録を手がかりに個人の目標（individual goals）を立てることである。先に挙げた3つの発達の分野において，今対象児に表われ始めている発達の様子をもとに，どのような目標がふさわしいかを考え，それぞれの分野ごとに目標を2つずつ作成することになっている。たとえば，ボールが転がることに興味を持っている子どもに対しては，「保育者や親に向かって，ボールを転がすことができる」「転がしたボールを追いかけることを楽しむ」「ボールを足で蹴ることができる」など，さまざまな目標が考えられる。

　さらに，その目標到達のために親にしてもらいたいこと，家庭でできるおすすめの活動や遊びなどを創案し，最後にはその発達がなぜ大切なのか，親に理解を深めてもらうための「親へのリソース」（育児雑誌の記事，地域の子育てに関する情報冊子など）をポートフォリオに添える。たとえば，先のボール遊びの場合では，大筋肉を動かすことがなぜこの時期大切なのかについての育児本や育児雑誌のコピー，どのような大きさ，質のボールがそれぞれの年齢にふさわしいかを示した遊具のリスト，ボールを使ったゲーム集，などが考えられる。

(3) 子どもの作品

　レッジョ・エミリア・アプローチなどの影響により，日常子どもと活動をともにしながら，その発言・会話を記録したり，子どもたちの作品を集めることが保育者の重要な役割として位置づけられている（ポーター，2008）。これらのドキュメンテーションは，ただやみくもに集めればよいものではなく，①発達の変化を表わすもの，②子どもたちの思考や発想を反映したもの，③教師の解釈が加えられているもの，などが条件である。実習生においては，子どもの作品を集めながら，それらがどういう意味を持つかを考えてみたり，共通した

パターンを見いだしたり，子どもの変化に気づくこともある。また興味を持って子どもの発話に耳を傾けたり，活動や遊びに集中している姿を写真に収めるなど，目的意識を持ちながら子どもを観察する勉強にもつながる。

4. ポートフォリオを使っての懇談会

三者懇談会には，実習生が学期を通して作成した対象児の発達記録をまとめたポートフォリオを，親に手渡すことになっている。そのため，専門用語はなるべく避け，誤解を招くような表現も避けるなどの配慮をしなければならない。たとえば，「自分の気持ちが伝わらない悔しさから，頻繁に友だちを噛む」などと書くと，読んだ親は不安になるであろうし，なぜ事前に知らせてくれなかったのかと，実習生や保育者への不信感を招くことにもなりかねない。言葉を選びつつ，かつ子どもの長所に目を向けた書き方を心がけることが大切である。たとえば，「気が強い」と表わすよりは「自己主張ができる」と書いてあるほうが親も安心でき，子どものすぐれた点を見直すことにもなる。

懇談会では，実習生は，対象児の日ごろの様子や発達の状況を報告する。担任教師はそのつど，フォローを入れるが，基本的には実習生が懇談会の主導権を握ることになっている。親の前で話をするのには練習が必要である。自分のノートやポートフォリオを棒読みするだけでは，専門性に欠けていると思われるだろう。あらかじめ要点をまとめておいたり，友だちの前でリハーサルをしたり，難しい専門用語などは説明できるように調べておいたりなど，準備が必要である。特に，注意を要する行動（問題行動，障害など）については，言葉に注意して説明しないと親の誤解や不快感を招くこともあるので，担任にあらかじめ相談する必要がある。

5. ポートフォリオの評価

ポートフォリオをどのように評価するかについては，それぞれの実習担当教員の考え方によって大差があるが，ここでは，講座「Infant-Toddler Development & Programs」担当教員 Barbara Hammerli 氏の例を紹介する。このように，あらかじめ具体的な評価項目を設けておくことにより，実習生は何が期待されているかを理解し，よりよいポートフォリオを作成することがで

7章 教育実習と養成の授業を融合させる工夫

■ 表7-2　発達ポートフォリオ評価表（Barbara Hammerli 氏より許可を得て翻訳）

評価の項目	評価方法（Aがもっともすぐれており，Fは不可）
発達の観察記録 ● 形式 ● 修正[★1] ● 新しい観察内容が含まれている[★2] ● 客観的・描写的・例が含まれている	A＝4つのすべての基準が満たされている。完璧もしくはほぼ完璧で，質が高い B＝ほとんどの基準が満たされているが，少々間違いがある。良い。 C＝基準が満たされているものもあるが，間違いが目立つ。新しい観察内容や例はほとんど含まれていない。平均。 D＝ほとんど基準が満たされておらず，平均以下。 F＝まったく基準が満たされていない。不合格。
発達の到達基準 ● コーディング[★3] ● 新しい情報が加えられている ● 仕上がっている	A＝すべての基準が満たされている。DAP（発達にふさわしい実践）のコピー用紙に子どもがどこまでできるか，蛍光ペンで記されており，蛍光ペンが何を意味するか示してある。すべての発達分野の記録がある。質が高い B＝ほとんどの基準が満たされている。 C＝基準が満たされているものもある。 D＝ほとんど基準が満たされていない。 F＝まったく基準が満たされていない。
個人の目標 ● 各発達の分野からそれぞれの2つずつ ● 根拠 ● 家庭への提案	A＝すべての基準が満たされている。身体，認知・言語，社会的感情発達のそれぞれの分野ごとに2つずつ含まれている。DAPをもとにし，対象児のふさわしいものが考えられている。現在対象児がどこまでできるのかについての情報が，根拠の中に含まれている。この目標に到達するために，家庭でできる配慮，指導，遊びなどの方法について提案されている（親や兄弟姉妹を交えてできる活動）。親へのリソース（次の項）と関連している。 B＝ほとんどの基準が満たされている。 C＝基準が満たされているものもある。 D＝ほとんど基準が満たされていない。 F＝それぞれの発達の分野で1つしか目標が掲げてなく，根拠の説明や親への提案が含まれていない。あるいは，目標がまったく掲げられていない。
親へのリソース ● 発達のニーズ ● 子どもの興味 ● 根拠 ● 実際にポートフォリオの中に資料が含まれている	A＝すべての基準が満たされている。対象児の発達のニーズに基づいたリソースと対象児の興味に基づいたリソースがそれぞれ最低1つ以上含まれている。なぜこのリソースが親に必要なのか根拠が説明されている。単なるウェブサイトのリンクだけでなく，実際のパンフレットや雑誌記事のコピーが含まれている。 B＝ほとんどの基準が満たされている。 C＝基準が満たされているものもある。 D＝ほとんど基準が満たされていない。 F＝対象児のニーズや興味と関連しておらず，それらを選んだ根拠の説明がなく，資料が含まれていない。あるいは，親へのリソースがまったく含まれていない。

★1　学生は実習半ばに，観察記録を指導教官に提出し，フィードバックをもらう。この修正とは，フィードバックに沿って，観察記録を書き直したかどうかを評価する。
★2　観察記録が1回限りでなく，1学期を通して何度か新しい情報を付け足したかどうかを評価する。
★3　DAPの各年齢または月齢の発達分野ごとの到達基準の一覧表をもとに，その発達が見られるかどうかチェックしていくことを示す。

子どもの作品 ● 逸話的記録 ● オーディオによる記録 ● デジタル・ビデオ・写真 　日付 　発達についての説明 　写真の質 　ディスプレイ 　種類（発達，遊び，日課） 　時間の流れ ● アート 　コメント 　日付 　さまざまなサンプル	すべての種類のものが含まれている必要はないが（たとえば，乳児にアート活動をさせるのは，発達にふさわしくない），集めた作品の質，どのように編集されているか，発達にふさわしいか，実習生のコメントが記載されているか，種類豊富かなどを評価する。 A＝複数の種類の作品が含まれている（逸話記録，オーディオ，写真，アート）。オーディオや写真の質が高い（写真が1ページにたくさん貼り付けすぎではない。写真が子どもの成長発達を時間を追って示している）。サンプルは特定の時期だけに集められたのではなく，1学期を通してのものである。アートは，さまざまな種類のものを含み，対象児がどのようにして取り組んだのか，説明が添えられている。 B＝ほとんどの基準が満たされているが，非常にすぐれているというほどではない。 C＝平均。基準が満たされているものもある。 D＝平均以下。ほとんど基準が満たされていない。作品がほとんど集められておらず，努力が感じられない。 F＝乏しい。作品がまったく集められていない。
ポートフォリオの全体像 　公正 　美しさ・創造性 　努力	ここでは，ポートフォリオの全体像を評価する。主観的になりがちであるが，これはプロフェッショナルな仕事といえるか，親に渡したいと思うか，魅力的であるか，努力や真剣さが感じられるか，などを評価する。
総合	A＝非常にすぐれている B＝ややすぐれている C＝満足または平均 D＝平均以下 F＝乏しい，不可

きる。また，評価者はそれぞれの項目に沿って点数を出していくため，公正で客観的な評価が可能である。発達ポートフォリオ評価表の例を紹介する（表7-2）。

6. 最後に

　ポートフォリオの概念や実践例は日本でも近年紹介されているが，ここでは実習教育の中で取り上げられている発達ポートフォリオを紹介した。結論として，実習生が発達ポートフォリオを作成していくことによる教育効果は大きく，以下のことなどが挙げられよう。

　①子どもの発達を流れの中で理解する。

　②子どもの思考や行動をさまざまなドキュメンテーションを通してより深く理解する。

③子どものさまざまな表現に目をとめ，記録に収める技術を学ぶ。
④観察記録を次の保育の目標や計画につなげる。
⑤子どもの発達を親に効果的に伝える手段を学ぶ。

　発達ポートフォリオを作成していくことで，実習生は保育者の仕事を多角的・組織的に理解し，何よりも保育の省察と思索を深めていくための有効な手段といえる。試行錯誤しながらポートフォリオに取り込んでいく資料を取捨選択していく作業を通して，学生は自分なりの保育観や子ども観を形成していく。ポートフォリオには，何が大切かという価値観が反映されているからである。

　主観的な色彩の強いポートフォリオでも，読み手を意識しながら作成することで，相手にわかるように書くという文章力や理解力が必要になってくる。見本がないだけに，オリジナル性も求められ，指導によっては学生の創作意欲を高めることにもつながる。これからの日本の実習教育の中でも，ポートフォリオを使った独創性のある教育実践例が紹介されることを願いたい。

3節. 実習計画の工夫と実践からの学び
　　　——大規模校の実習計画と実践：ひとりを追う

1．K養成校における実習計画の工夫
（1）通年教育実習

　K養成校では，1986年10月から幼稚園教育実習を従来の集中実習型から長期間の継続実習型に変更し「通年教育実習」と呼び実施している。この「通年教育実習」は，1年次後期の10月から翌年2年次前期の夏期休暇前7月までの約1年間，同一幼稚園で毎週1回1日の実習を継続し，途中，1週間の連続実習を2回と2週間の連続実習を1回組み合わせたものを基本とし，何度か実施方法について工夫改善を重ねてきている。現在，通年教育実習は，おおむね以下のように実施している。

〈教育実習Ⅰ〉

　　実習事前事後指導を，1年次4月より始め，実習期間中並びに実習終了後の2年次後期11月まで継続する。1年次6月に1週間の期間を設け幼稚園自主見学を実施し，1園ないし数園の幼稚園を見学する。9月に実習園での事前指導を実施。10月より指定された実習園での毎週1回1日の実習（毎

週火曜日指定）を開始。実習開始後の3週目に1週間の連続実習を挟み，1年次後期2月まで毎週1日の実習を継続する。その後，2月中旬，1週間の連続実習を実施し1年次の実習を終了する。

〈教育実習Ⅱ〉

　2年次，前期4月の授業開始とともに毎週1回1日の実習を再開継続する。6月中旬～下旬に2週間の連続実習を実施し同一実習園での「教育実習Ⅱ」を終了する。7月，実習生ごとの希望により，他の実習園を2園見学実習する。以上が，現在実施している「通年教育実習」である。

　この実習の特徴から，学生にとっては「幼稚園生活の1年間の流れを体験できる」「幼児の成長・発達についての理解が深まる」「実習生の成長過程に応じた指導が受けられる」などの学びのメリットが得られる。

(2) 実習と授業の融合

　K養成校における「通年教育実習」は，実習だけで成り立っているのではない。基本的に実習日には，教員が実習園を巡回する。1実習園あたり年間4回程度の巡回指導をしている。また，毎年，養成校側と実習園間で「実習連絡協議会」と「実習改善のための研究会」を開催している。

　さらに，実習日の翌日には，実習体験をもとにした小グループでの演習の授業（1年次後期「保育内容演習」，2年次前期「保育指導法演習」）を開設し，学生の実践の場での学びをモニターし，理論と実践の統合を目指すとともに，実習での学びに対して養成機関においても責任を持って支援する工夫をしている。

　この演習の授業においては，実践の現場で出会う具体的な幼児理解や指導上の問題が取り上げられたり，保育環境や保育教材の取り扱いについて検討されたりするだけでなく，学生の実習での不安や悩み，保育者への成長の課題などについても取り上げて支援される。また，この演習以外の科目でも，学生の実習での実践体験が活かされ，具体的な幼稚園，クラス，子どもの様子をイメージしながら保育を学ぶことができ，養成での効果的な学びをサポートしている。

2. 実習事後指導として
(1) 教育実習の課題レポート
　K養成校では，通年実習終了後，実習事後指導として2年次の夏休みに課題を設けている。学生が1年間の教育実習をふり返って，特に関心を持って関わり取り組んできたことや課題に感じたことなどを取り上げ，学生がテーマを設定しレポートをするものである。この課題を通して，長期間の実習で体験した個別的な学びを，自己課題に結びつけて反省的に深めることを期待している。以下，レポートのテーマ例を挙げる。

(2) 実習レポートのテーマ
　学生たちの実習レポートのテーマについて，2006年度提出レポートを例に，以下7種類に分類し示す。

〈幼児理解に関するもの〉
　幼児理解の意味を探る・集団の中で個を尊重するということ・精神発達遅滞について・自閉症児・子どもの絵　など

〈発達に関するもの〉
　子どもの遊びと発達・言葉について・コミュニケーション・年齢別の遊び方の比較　など

〈遊びに関するもの〉
　砂場と子どもの関係・鬼ごっこ・ごっこ遊びの中で幼児に育つもの・幼児がつくりだす遊びの特徴・幼児の砂場遊びと泥団子　など

〈仲間関係に関するもの〉
　子どもたちの人間関係と保育者・幼児期の遊びにおける人間関係・年長児の人間関係・幼児のけんか　など

〈保育環境に関するもの〉
　保育環境と幼児の成長の関係・遊びと環境構成・固定遊具・園内外における遊具の安全性について　など

〈保育方法に関するもの〉
　人的環境・シュタイナー保育について・保育者の援助活動と保育・保育者の表情の子どもへの影響・縦割り保育　など

〈その他〉
　満3歳児保育のはじまり・保育観の確立と自分の変化・遊びや生活を通しての私と子どもたちとの変化　など
　学生たちは，保育実践の場での体験を通して多様な興味や関心，課題を持って実習での学びを深めていることがうかがえる。

3. 発展的保育研究
(1) 保育研究への取り組み
　K養成校は，2年課程の保育科（定員130名）での学びのあとに，1年課程の専攻科（定員100名）へ進学するコースが設けられている。保育科では，幼稚園教諭二種免許が必修である。専攻科は，保育士養成課程の3年目にあたるため，保育科に在籍した大多数の学生は専攻科へ進学する。専攻科では，保育士の資格を取得することに加えて，現代的な保育の課題や障害のある子どもの保育についてなど，さらに学びを専門的に深めることを目指している。

(2) 保育総合研究
　専攻科では，「保育総合研究（修了論文）」4単位が必修で修了要件になっている。学生は6つのゼミに分かれて所属し，1年間指導を受け，それぞれにテーマを決定し修了論文にまとめる。そのテーマについて見てみると，「通年教育実習」での実践体験が出発点となり発展しているものが多数見られる。実習レポートのテーマを引き継ぎ発展させていたり，通年実習期間中に出会った子どもを，修了論文の中でさらに継続して追跡し続け，まとめている学生もいる。次にその研究事例の一部を紹介する。

(3) 研究事例
【研究事例1】「保育形態を活かす保育内容と保育者の援助
　　　　　　　──縦割りにおける子ども間の育ちと人間関係」
　教育実習体験を通して問題意識を持ち研究を進めた。実習園では，年長，年中，年少の異年齢ごとの保育形態の他に，3学年をバランスよく混ぜたグループでの縦割り保育が行なわれていた。縦割り保育では，同年齢児だけのクラスでみる姿とは異なっていた。同じ年長児でも縦割りでの取り組みが異なっていたり，進級前後で縦割りへの取り組み方に変化が起きたりする子どもの姿があり，関心を持

った。そこで、このことを保育総合研究でのテーマとして取り組んだ。

　幼稚園における異年齢児との関わりが子どもに与える影響はどのようなものなのか。また、保育形態（学年別保育と縦割り保育）を活かす保育内容、保育者の援助について研究することにした。そこで、縦割り保育が実施される曜日に、幼稚園の保育に参加し観察を続け、そこで得られた事例をもとに考察した。

【研究事例2】「幼児期後半におけるガキ大将的存在の実態」
　実習を通して、リーダー的幼児が中心となって遊んでいる姿や、ごっこ遊びや鬼遊びなどで仲間をまとめる幼児や、けんかの仲裁をする幼児などの姿に出会い関心を持つようになった。ガキ大将的存在がなくなったといわれるが、このリーダー的存在の幼児と何か共通点があるのではないかと考え、保育総合研究でこのテーマに取り組み幼稚園実習園の幼稚園児を観察対象にし、担任がリーダー的存在であると指名した幼児を中心に、遊びを観察し続けた。そして、リーダー的なふるまいをするエピソードを年少児から年長児にかけて、26採取し、このエピソードをもとに考察した。

　この2つの研究事例のように、実習での実践的学びをもとに、養成校での授業との連携が生まれ、それが継続した保育課題へとつながり、さらに保育研究へと発展させる学びが得られている。

第4部

これからの教育保育の方法と技術

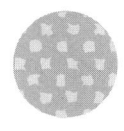

8章 マルチメディア時代の子どもと保育

1節 子どものテレビ理解の発達

1. 子どもの間違ったテレビ視聴

　子どもにとってテレビ視聴は簡単なものと思われているが,最近の研究では,間違いながら見ていることがわかってきた。テレビからは言葉も文字も映像も一緒に流れ,番組はアニメもドラマもニュースもあり,さらにコマーシャルも放送される。子どもにとって,これらの区別をすることは容易なことではなく,理解できるまでに時間がかかるのである。

　また,少子化が進行しているため,子どものテレビ試聴に関する間違った理解を修正する場が減っている。みんなで楽しくテレビを見て,その内容に対してひとりごとを言ったり,友だちと論争したりするという場,つまり保育に関わる大人がテレビ番組に対する話し合いの場を設けることが必要になっている。まずは,子どものテレビ理解の実態からみていこう。

2. ひとりごとに現われる子どものテレビ理解

　幼稚園・保育所のテレビ視聴場面の観察から,いくつかの事例を紹介する。みんなで一緒にテレビを見る集団視聴場面では,子どもたちの素朴な発言が現われ,彼らの認識のレベルがよく理解できる。

【事例1】　コオロギの卵の大きさ　4歳児クラス〈NHK教育テレビ〉
コオロギの産卵場面で卵がアップになり番組終了。
保育者：「コオロギの卵はどれくらいだった？」

子どもたち：両手でバレーボールほどの大きさを示し，「これくらーい」，「これくらい」
1人の子ども：親指と人差し指をくっつけて「こんなにちっちゃいんだよ〜」

この事例から，子どもは，コオロギの卵をテレビ画面に現われた大きさそのものと考えていることがわかる。大人が話題に介入しないと，子どもは卵の大きさを誤解したままになる。

次は，人形の糸に気づいた事例である。

【事例2】 人形の糸への気づき 4歳児クラス〈NHK教育テレビの人形劇〉
子ども：「あー，この人形，糸がついている」
半年後，別の人形劇の番組で，
別の子ども：「この人形，糸がついている」

この子どもは，糸で人形を操っていることに気づき，半年後には別の子どもが同じ発言をした場面である。子どものひとりごとを大人が取り上げないと，個別に理解していくことがわかる。また，この人形劇は，糸がはっきり見えていた。細い糸を使うことは可能であるが，子ども向けには，人間が動かしていることに気づかせるために糸や棒が見えていたほうがよいといえる。

集団視聴場面では，みんなが同じものを見ているため，ひとりごと（気づき）を言いやすい。これは家庭の個別視聴では現われない発言である（村野井，2005）。

きょうだいが多く，三世代で一緒にテレビを見ていた時代には，子どもがこの事例のようなひとりごとを言うと，まわりの人がそれを取り上げて，おもしろがったり，教えたりしていた。現在，家庭では個別視聴が中心になり，子どもが集まってテレビを見る場は，幼稚園・保育所しかなくなっているのである。

3．テレビ理解に関する実験研究

最近，子どものテレビ理解の研究が盛んになってきており，小学生でも理解度が低いことがわかってきた（村野井，2002；足立・麻生，2007；足立，

2008)。子どもに関する実験研究をいくつか紹介する。

(1) テレビとのやりとり

木村・加藤（2006）は，映像の世界と現実の世界のつながりをどのように理解しているか調べるために，モニターテレビを使った実験を4歳から6歳半の子どもに行なった。

①「映像から現実へ」働きかけられるか

　モニターテレビには，お姉さんが映っている。テレビの前にはクマの紙人形が置かれている。子どもに次のように質問する。「このお姉さんが，息をフーっと吹きます。テレビの前においたクマさん（紙人形）は倒れるでしょうか」。

②「現実から映像へ」働きかけられるか

　モニターテレビには，クマの紙人形が映っている。子どもには次のように質問する。「もし私（実験者）がテレビに向かってフーっと息を吹いたら，テレビの中のクマちゃんの紙人形はどうなるでしょう」。

テレビと現実とはやりとりできないため，「テレビから外へ吹い」ても「外からテレビの中へ吹い」ても何の影響もない。したがって正解は，「クマの紙人形は倒れない」である。正解者の割合を図8-1に示す。4歳児・5歳児は正解率が低く，6割以上が「倒れる」と答え，6歳児でも「映像から現実へ」条件では，半数が「倒れる」と答えるのである。

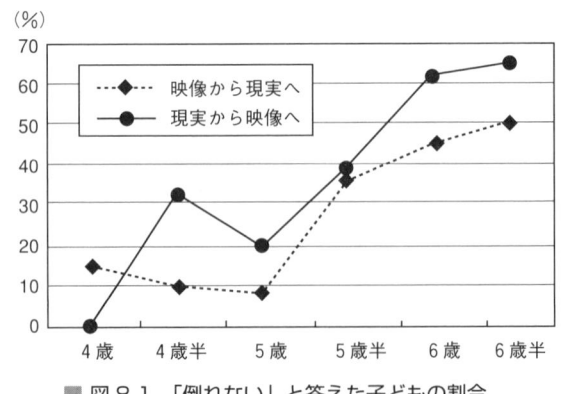

■ 図8-1　「倒れない」と答えた子どもの割合

(2) ドラえもんは実在するか

　足立（2008）は，キャラクターの実在性についてのインタビュー調査を行なった。対象は幼稚園年長児30名，小学校1年生20名，2年生20名，3年生20名である。アニメ「ドラえもん」（テレビ朝日系）のキャラクターであるドラえもんとのび太が実際に存在するか，しないかを個別にインタビュー調査をした。結果は図8-2に示す。

　「ドラえもんはいる」と答える割合は，幼稚園児では40％いる。ただ，すぐに低下して，小学校3年生になると「ドラえもんはいる」という児童はいなくなる。ドラえもんを否定する論理には，「ロボットだから」「4次元ポケットはないから」など非現実性の指摘や，「不思議な道具をいっぱい出すんだったら，みんなドラえもんのところに行くはず」（1年生）といった背理法を使った論理で説明できるようになる。

　ところが，のび太の存在に対する答えは違っている。図8-2からわかるように小学3年生でも25％が「のび太はいる」と答えている。のび太は甘えん坊ではあるが，普通の人間であり，普通の行動をする子どもで，非現実的なところが見つからないため，否定するのが難しいのである。のび太は実在すると言う児童でも，「どっかで（同じ名前を）聞いたことあるんだけどなー」とか「似てる人はいるけど」といった確信のない回答をした。

　のび太は実在しないという理由も，「こんな口していない」（3年生），「のび太って名前はいない」（2年生）などで，根拠が弱いものであった。したがって，

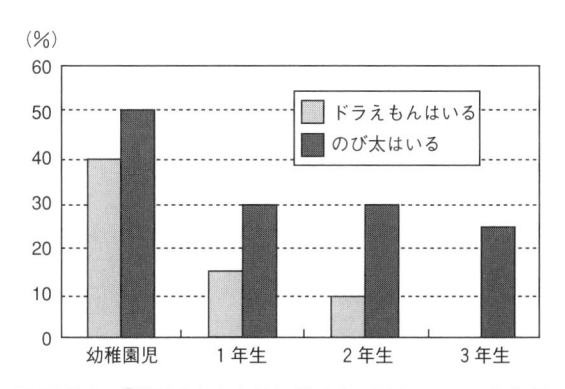

■ 図8-2　「ドラえもん」はいるのか（足立，2008より作成）

のび太を否定する論理は，アニメの仕組みやナレーションなどといった「テレビ番組の制作知識」によるものが53.4％と多くなる。

社会にある知識を学ばないと，テレビのキャラクターが実在していないことを説明できないのである。

(3) 子どもどうしが修正する姿

それでは子どもは，どのようにして間違いを修正するのだろうか。自分がテレビの見方を間違っていることに気づくのは難しいことである。

足立・麻生（2007）は，子どもを2人一組にしてインタビューする「子ども対話法」によりテレビキャラクターの実在性の認識を調べた。この方法は，1人がインタビューを受けている時の，もう1人の子どもの様子がわかる。また，子どもどうしの関わりから，相互交渉の経過がわかるという利点がある。

「それいけ！ アンパンマン」（NTV系）のアンパンマンの実在性について，幼稚園年長児14組，年中児12組に尋ねた。その中から，すでにアンパンマンは実在していないと思っている子どもが，まだ実在していると思っている子どもを説得する例を紹介する。

【事例3】　アンパンマンが実在しないと思っているK子（6歳4か月）と実在すると思っているH子（5歳10か月）の会話

2人の意見が割れて，迷い始めたH子に，
K子：「人形かぶってる？」（H子に向かって）
H子：「知らーん」（上を向きながら考え，その視線がK子の顔に行き着く）
K子：「人形かぶってるんちゃ〜うん」（H子の肩をぽんと叩く）
H子：（真顔でジーっと考えて，突然目を大きく開けて実験者のほうを向き）「人形かぶってる！」（両手でひざをバンバンと強く叩く）
K子：（ソファーにどーんと座り，満足そうに微笑む）
実験者：「そうかー」

大人は子どもの世界を大切にしたいので，「アンパンマンはいない」などと教えることはない。しかし，子どもどうしは厳しく追及するのである。肩を叩いて「人形かぶってるんちゃ〜うん」などという説得は，大人並の説得法とい

える。

【事例4】 アンパンマンが実在しないと思っているS男（6歳5か月）と実在していると思っているM男（6歳4か月）

意見が割れたあと，実験者の顔しか見なくなったM男に対して，
S男：（M男に向かって小さな声で）「うそもんやって。あんなんただの着ぐるみやって。なぁ？」
M男：（S男のほうは見ず，足元や前に視線をやる）
S男：（M男を見て，小声で）「なぁ？　なぁ？」
M男：（目を伏せて，小さくうなずく）
S男：（M男のうなずきを見て，体を乗り出してM男に近づき，耳元で）「なぁ？　着ぐるみやん，なぁ？」
M男：「ちっちゃい時，大好き」

　この後，M男は自分が小さい時にアンパンマンが好きで，今は実在していないという立場になる。厳しく見えるが，子どもはこのような論争を行なっているのである。子どもどうしでテレビの見方を修正している点は安心すべきといえよう。
　大人は，たとえばサンタクロースの存在など，子どもの夢を守ろうとするが，子どもはいつか現実の世界を知ることになる。子どもは，大人から自立して自分たちの世界をつくろうとする時，大人から与えられた夢を否定する。事例3,4のような論争は，ギャングエイジを迎えて児童が大人から一応の自立をするまで続いていると考えられる，子どもの発達の1つの姿なのである。
　子どもどうしの論争は時として厳しく，抱いていた夢を壊すことになる。特に，テレビに関しては，主人公や魔法や秘密兵器などの実在をめぐって論争になることが多い。子ども一人ひとりの成長をよく見きわめ，夢の世界にいたほうがよい子は守り，夢の世界から抜けてもよい子には論争させる。そのためにも，大人による話し合いの場つくりやコントロールが必要なのである。

2節. 情報洪水と子ども

1. 情報洪水とは

　情報洪水という言葉はよく使われるが，明確な定義はない。音や映像などの情報が増え，人間の許容量を超えてしまい，混乱させられたり，的確な判断ができなくなることであり，場合によっては肉体的・精神的に害を与えるという使い方も含んだ言葉といえる。

　誰もが平等に，自由に情報に接することは社会の進歩であるし，時間や空間を越えて世界を知り，対話できることは人類の望みであった。ただ，情報化の進展が激しいため，子どもにとってどの程度の量と質が必要なのかわからないままに翻弄されているのが実情といえるだろう。

2. 情報洪水の実態

　子どものまわりには，コンピュータ・ゲームやテレビ，ビデオなど多くの情報機器がある。

　1983年に発売された任天堂のファミリーコンピュータは，「ファミコン」と呼ばれ家庭に普及していった。携帯用ゲームでは，1997年にバンダイより発売された育成ゲーム「たまごっち」が爆発的に売れ，これ以後，携帯用ゲームは女の子も遊ぶおもちゃになった。公園で子どもたちが体を使った遊びをせず，ゲームをしている風景が見られるようになった。

　その後，任天堂のゲームボーイは，「ポケットモンスター」（1996年発売）のヒットにより世界で1億台売れ，ニンテンドーDSは累計で2,000万台以上売れている（2008年現在）。

　長時間の利用により視力が低下することが心配されたり，ゲームに熱中しすぎて勉強がおろそかになるといった懸念があり，また，ゲームの内容に性・暴力・犯罪が含まれるものがあるため，少年犯罪の増加やひきこもりが社会問題になると，コンピュータ・ゲームにその一因を求める主張もある。

　ゲームセンターなどのアミューズメント施設に置かれたアーケードゲーム機にも子ども向けのものが広がっている。2003年にセガから，アーケードキッズ向けカードゲーム「甲虫王者ムシキング」が発売された。100円を投入する

と「こんちゅうカード」が1枚出てくるようになっている。ゲームで使うカードをスキャンして、キャラクターを画面に登場させ、戦わせる遊びである。バトルに合った昆虫を出すためには、カードを多く持っていたほうが有利になるため、子どもたちは競って「こんちゅうカード」を集めることになる。

同社は翌年、女の子向けゲーム「オシャレ魔女 ラブandベリー」を出した。これは、場に応じたファッションとコーディネートを競うゲームで、母親も巻き込んだブームとなった。虫の収集と対戦という男の子の好みや、着せ替えとダンスという女の子の好みをよく分析し、取り入れているのである。

また、プリントシール機も出回っている。アトラスとセガ社の「プリント倶楽部」(通称プリクラ)は、1995年からアミューズメント施設に置かれ、子どもが気軽に自分たちの顔写真を撮ることができるようになった。子どもでも写真に修正を加えたり、背景を変えたりできるのである。そして、友だちどうしでプリクラ写真を交換し、プリクラ手帳と呼ばれる手帳に貼り付けて見せ合うのである。

ビデオ絵本はあたりまえになり、赤ちゃん向けも数多く出されている。また、乳幼児向け通信教育講座にはビデオがついている。この他、知育玩具もコンピュータ化しており、英語や日本語を話したり、画像が現われたりする。このように、処理しきれないほどの情報があふれている時代になった。

3. テレビ・ビデオの視聴実態

現代のテレビ・ビデオ視聴はどうなっているのだろうか。最近は0歳児のデータも集められている。NHK放送文化研究所は、2001年から「子どもに良い放送」プロジェクトを発足させ、映像メディアが子どもたちの心身に与える影響について約1,000人の子どもの追跡研究を行なっている(西村、2007)。保護者にテレビ視聴日誌を1週間つけてもらった結果が表8-1である。

テレビをしっかり見る専念視聴は、0歳児で12分しかなく、3歳児でも30分だけである。テレビ視聴時間は、専念視聴とながら視聴を含めた時間のことであり、0歳児は1時間8分で、3歳児でも1時間36分である。テレビ接触時間とは、子どもが見ていないがテレビがついている、つまりテレビにさらされている時間のことを指している。0歳児は、さらされている時間が3時間15

■ 表 8-1　テレビ視聴・接触時間の推移：テレビ視聴日誌より（西村，2007 より作成）

	0 歳児	1 歳児	2 歳児	3 歳児
専念視聴（分）	12	24	24	30
テレビ視聴	1 時間 8 分	1 時間 44 分	1 時間 31 分	1 時間 36 分
テレビ接触時間	3 時間 15 分	3 時間 23 分	2 時間 44 分	2 時間 30 分

（一日平均）

■ 表 8-2　ビデオの接触者率と時間量：テレビ視聴日誌より（西村，2007 より作成）

	0 歳児	1 歳児	2 歳児	3 歳児
ビデオ接触者率（％）	59	78	85	80
接触者平均時間（分）	34	47	50	42

（一日平均）

分と長く，他の年齢でもさらされている時間が長いことがわかる。

　ビデオに接した乳幼児の割合（ビデオ接触者率）と接触者平均時間を表 8-2 に示す。0 歳児でも，接した子どもは 34 分で，テレビの専念視聴より長い結果になっている。中でも 2 歳児は，50 分と最も長く視聴している。視聴しているビデオ・DVD ソフトのおもなものは「それいけ！アンパンマン」「いないいないばぁ」「ディズニー」「しまじろう」関連のソフトであった。テレビゲームは 2 歳児で 13％，3 歳児は 17％が接触しており，利用している子どもは，30 分から 1 時間遊んでいる。

4. 幼稚園・保育所の役割

(1) 情報の洪水への防波堤

　今日，社会には情報が氾濫し，これを抑える力が弱まっている。そのため，幼稚園・保育所は情報化に対して防波堤の役割を果たすことが求められている。子どもにとってテレビ視聴は簡単なものだと思われたため，テレビの見方・使い方の教育は放置されてきた。保育・幼児教育の世界から，テレビを切り離して扱ったため，ビデオも携帯用ゲームも保育・幼児教育とは関係ないものとして家庭に入っていったのである。そして，幼稚園・保育所の実践がないため，

保育研究自体が進まない状態になっているのである。

　情報化の進展に対して，幼稚園・保育所は，自然に触れさせ，本物に触れさせ，自由に遊ばせる体験重視の保育を行なってきた。また一方で，情報を扱う幼稚園・保育所は，機械操作やソフトの使い方の教育を行ない，学校教育を早めたような実践になった。幼稚園・保育所は多様であり，情報をまったく扱わないという考え方も尊重するべきである。

　ただ，すでにテレビも携帯用ゲーム機もインターネットの世界へアクセスできるようになっており，インターネット接続が前提となった道具やおもちゃが子どもの世界へ普及してくるであろう。そのために，子どもの保育に関わる人たちが，情報化に対する防波堤となる必要がある。

　情報を読み書きの1つととらえれば，幼稚園・保育所はその基礎である「メディア・リテラシー」（本章4節参照）を養うところである。幼稚園・保育所がそのためにできることは数多くある。

(2) 保護者への情報提供

　テレビやビデオの内容を子どもは理解していないことが明らかになってきている（本章1節参照）。保護者は，テレビやビデオを一緒に見たり，ゲームで一緒に遊んだりすることが求められる。

　また，テレビやゲームは自主規制を行なっており，市民の声が反映できる体制になっている。テレビもゲームも自分たちの文化であるため，自主規制について保護者に伝えるとともに，積極的に関わってよいものにしていく必要がある。

①テレビの自主規制について

　テレビは17時から21時は，「青少年の時間帯」になっており，子どもが見ていることを前提に番組は制作されており，性や暴力表現への配慮がなされている。ただし，それ以後は大人の時間であり，それを知ったうえで視聴する必要がある。また，テレビに対する苦情は，放送倫理・番組向上機構（ＢＰＯ）が受け付けている。BPOは，正確な放送と放送倫理の高揚に寄与することを目的とした非営利・非政府の団体で，品位のない番組をなくすなど，多くの実績を上げている。保護者として，市民として意見を述べるべきである。

②ゲームソフトの自主規制について

　ゲーム機の使い方も家庭任せになっており，保護者が一緒に遊ぶことや内容を十分理解する必要があることを，幼稚園・保育所は伝えなければならない。子ども部屋のような孤立した環境でゲームをさせない，時間を決めるなど家庭のルールづくりも保護者どうしで情報交換する場をつくる必要がある。

　ゲームは，コンピュータエンターテインメントレーティング機構（CERO）が，一般市民によるレーティング審査を行なっている。ここは日本国内で販売される家庭用ゲームソフト（携帯型ゲームを含む）の本編，隠しコマンド，裏技などすべての表現を審査している。幼稚園・保育所はレーティングの知識や年齢区分や「暴力的」「性的」などの表示を示すコンテンツアイコンの意味を保護者に伝え，購入の際の参考にしてもらうべきである。また，審査員として参加する必要もあろう。

(3) 積極的保育実践

　海外のメディア・リテラシーの実践では，子どもに最も影響を与えているものを扱う。子どもにもデジタルカメラで撮影させ，作品をみんなで見る実践は日本でも行なわれている。園だよりに載せたり，その日のニュースとして，モニターテレビからプレゼンテーションするものである。出来の良し悪しや機械操作ではなく，写真を撮りたい，みんなに見てもらいたいという表現活動として行なうべきである。現代は，プリクラが子どもたちの表現欲求を満たしたりしているが，子どもたちの「本物を使いたい，役に立ちたい」という気持ちを大切に育てていきたいものである。

　海外では，子どもが自分の好きなビデオを持ってきて，みんなに紹介し，好きなキャラクターを演じさせたり，どこがよいか述べるという実践もある。保育者は批評を行なわず，他の子どもの反応によって客観化していく。

　日本独特のものとしては集団テレビ視聴がある。子どもはみんなでテレビを見ていると，そのうちひとりごとを発する。それが他の子どもの反応を引き起こし，集団でテレビを理解していく。幼稚園・保育所のテレビ視聴は，教育というより，テレビの見方を学ぶメディア・リテラシーとして行なわれてきたのである。子どもたちはどんな会話をするのか，そこから保育者はどう取り組めばよいのか保育実践が求められる。

今後は，小学校と同じようにインターネットの有害情報に対する教育も必要になるであろう。ゲーム機だけでなく，すべての家電製品がインターネットにつながっていくため，幼い子どももインターネット情報を見ることを想定しておくべきである。

情報洪水から子どもを守る最良の防波堤は，子どものことをよく知る幼稚園・保育所なのである。

3節　子どもとコンピュータ

1. 保育現場とコンピュータ

わが国は，世界最先端のIT国家を目指している。政府の高度情報通信ネットワーク社会推進戦略本部は，2001年にe-Japan戦略，2006年にはIT新改革戦略を打ち出し，「いつでも，どこでも，何でも，誰でも」コンピュータを使える社会，すなわちユビキタス・ネットワーク社会を目指し，2010年度までにITによる改革を完成すると宣言している。

社会のあらゆる分野でIT化が急速に進展していく中で，学校教育においても，子どもたちがコンピュータやインターネットを活用し，コンピュータの基本的な操作や情報モラルを身につけ，情報社会に主体的に対応できる「情報活用能力」を育成することが重要となっている。そのため，教室などの情報環境の整備が行なわれ，各教科等において情報機器を活用した学習機会を提供したり，子どもがコンピュータを積極的に活用したりすることが日常的になりつつある。

幼い子どもも高度情報通信ネットワーク社会の中ですでに生活しており，家庭や地域社会との生活の連続性，保幼小接続という学びの連続性の視点から見ても，今や情報化の対応は，保育においても避けられない課題である。

しかし，幼稚園・保育所においてもデジタル環境が進展しているが，実態は，保育者が事務処理などのために使用している場合がほとんどで，子どもにコンピュータを開放している割合はわずか5%にとどまっており，この10年間ほとんど増えていない（小平，2007など）。保育の現場では，自然に触れて遊ぶという直接的な体験が重視され，そもそも幼児期にコンピュータは早すぎるの

ではないか,子どもの発達に悪影響を与えるのではないかなどと心配されているためである。
　このように,保育における情報化は時代の趨勢である一方で,子どもの心身の発達に重要な直接体験との折り合いをどうつけるかなどの問題を含んでいる。こうしたジレンマは,コンピュータに対する従来のイメージや先入観から生じているように思われる。しかし,コンピュータの未来図は,それを払拭させるだけの潜在性を秘めている。
　そこで本節では,絵本やテレビなどのメディアと比較しながら,コンピュータを保育環境の中に位置づけるための配慮や,実際に保育に用いるための方法や技術について考察していく。

2. 子どもにとってのユーザビリティ

　コンピュータはマルチメディアというすぐれた性格を持つ。マルチメディアとは,インタラクティブ(双方向)性を持ち,文字,音声,映像をデジタル情報として等価に扱うことができるものである。インタラクティブ性は従来のメディアにはなかった機能である。そのため,コンピュータは,入力装置を必要とし,キーボードやマウスを使用するのが一般的である。
　しかし,子どもにとってはマウスの操作でさえ,難しい場合がある。たとえば,ゲームのキャラクターが「どこでも好きなボタンを押してね」と語りかけると,画面上のボタンを直接「手」で触ろうとする子どももいる。本当は,マウスを使って画面上に描かれたポインタをボタンのところまで動かして,それからマウスのボタンをクリックしなければならない。しかし,子どもの側に立って考えてみれば,そういう一連の複雑な手順を強要しているコンピュータのほうが横柄なのである。コンピュータ画面を見ながらマウスを同時に使用するためには,目と手の協応動作の発達が必要である(湯地,1996)。幼児でも訓練すればマウスを自由に扱えるようになるが,操作を習熟するまでに幼児にストレスを与える可能性もある(森田,2006)。
　したがって,コンピュータを導入する際には,まず子どもにとってのユーザビリティに配慮すべきである。IBMのキッズスマート(KidSmart)という社会貢献事業が園に寄贈しているパソコンは,外側がプラスチック製の家具で覆

■ 図 8-3　2015 年のある小学校の一日（(社)日本教育工学振興会，2007 より）

われている。子どもが遊びや生活の中でコンピュータに親しみやすくなるような工夫がみられる。

　操作性の点でいえば，幼児にはペンインターフェイス（澤田ら，2002）やタッチインターフェイスが有効であろう（澤田ら，2004）。つまり，銀行のATM，自動販売機，通信カラオケ，複写機，カーナビゲーションなどに搭載されているものである。これならコンピュータに対する反応が，マウスを介さなくても容易にできる。携帯ゲーム機「ニンテンドーDS」が成功したのは，一番にこのようなアナログ的な"操作のしやすさ"があったからだと考える。のりやはさみなどの道具の使い方を教えることはあるにしても，かつて絵本やテレビなどのメディアも，その使い方まで指導したことはなかったはずである。

　未来の教室（図 8-3）のように，携帯ゲーム機や携帯情報端末（PDAなど）など，いつでもどこでも持ち運べて，子どもにも操作しやすい，小型のコンピュータなら，将来，保育現場でも活躍する可能性はあるだろう。ほこりや停電に弱い上品なコンピュータよりも，落としても少々のことなら壊れない，泥だらけ傷だらけのコンピュータのほうが，遊び道具になりやすいのではないだろうか。また，保育室に大画面のディスプレイがあるだけで，絵本や紙芝居をみんなで一緒に見る時のように楽しさを共有する使いみちがいろいろと考えられそうである。たとえば，集まりの時間に「明日は遠足だから，天気を調べてみよう」と保育者がインターネットで検索して見せるのはどうだろう。あるいは，国際交流の機会があれば，その国の情報を提供することも無意味ではない。そ

もそも情報を検索したり調べたりする手段は，コンピュータ以外にもいろいろあるので，幼児期には，保育者がモデルになって情報を活用する姿を見せることも大切なのではないだろうか。

　複数の人が1台のコンピュータを交代で使用していた時代から，1人が複数のコンピュータを扱うユビキタス・コンピューティングの時代へと変化しつつある。あらゆる人や物がネットワークでつながり，コンピュータはやがてコンピュータということをあまり人に意識させないものになるだろう。それが実現してはじめて，コンピュータが保育環境の中に「自然と」位置づいていくのかもしれない。

3．ソフトなければただの箱

　コンピュータを使用する前の準備として，ソフトウェアの精選が必要である。日本で発売されている幼児向けのソフトウェアは，おもに絵本，お絵描き，知育，図鑑，ワープロ，ハガキ作成ソフト，アルバムソフトなどのジャンルに分かれ，200タイトル以上ある（堀田，2007）。その中からソフトウェアを選ぶ必要があるが，発達過程や興味・関心などを考慮して，子どもの生活の実態に即した絵本や紙芝居を選び，十分な下読みをするのと同じ配慮が必要である。

　渇辺（1999）は，ソフトウェアの選択のポイントを2つ挙げている。すなわち，①何か1つのことを達成することだけを目的としているのではなく，子どもが試行錯誤できるようなゆとりを備えている，いろいろな遊び方のできるソフト，②ひとりで遊ぶものではなく，まわりにいる大人が一緒に遊んだり，コミュニケーションを促したりできるソフトである。

　マルチメディアのインタラクティブ性は，結果や反応がすぐにフィードバックされることが子どもの内発的動機づけになり，ゲーム感覚で遊びながら学習できるという利点がある（湯地，2004）。知育ソフトがその典型である。ただ，子どもが楽しんで遊ぶからといって，小学校の学習の先取りになっていないか，内容をよく吟味して用いる必要がある。

　　……1時間目は，理科の植物観察の授業である。デジタル植物図鑑を使えば教室でも簡単に植物のことがわかるが，児童達には実体験が大切なので学

校の周辺に植物調査に出かけることにした。児童達はデジタルカメラの付いた携帯端末を使って見つけた植物の花や葉の撮影をした。

「めずらしい花をみつけたけど何という花かな」「携帯端末のテレビ会議を使って博物館の先生に聞いてみたらどう」さっそく児童はテレビ会議で博物館の先生と話をした。「博物館の先生，こんにちは。紫色の花を見つけたのですが何という花かわからないので教えてください」「住宅地では珍しい花を見つけましたね。それはスミレの仲間ですね」こうして児童達の学習は深まっていった。……((社)日本教育工学振興会，2007)

マルチメディアの特色が最も発揮されるものは「デジタル図鑑」である（図8-3）。音声や動画による解説によって，子どもの興味・関心を広げる可能性があるからである。テレビ会議は決して夢物語ではなく，学校などでも遠隔授業がすでに実用化されているほどである。地域社会の資源を活用する手段の1つにもなるだろう。

市販のソフトウェアだけに頼らずに，保育者養成校で免許・資格の必修科目「情報機器の操作」で培ったスキルを応用して，自作のコンテンツをできれば積極的に開発していきたい。特に，プレゼンテーションソフトは汎用性が高く，簡単なアニメーションやデジタル素材の提示などが容易にできる。それもマルチメディアがなせる業である。

しかし，マルチメディアの欠点は「人」を介さないところにある（表8-3）。

■ 表8-3　情報の3要素からみたメディア特性

	文字	音声	映像
昔話	×	○ (肉声)	×
絵本	○ (例外：文字なし絵本)	○ (肉声)	○ (静止画)
テレビ	○	○ (声優・BGM・効果音など)	○ (静止画・動画)
コンピュータ	○	○ (声優・BGM・効果音など)	○ (静止画・動画)

昔話や絵本には，語る「人」が必ず存在するが，テレビやコンピュータは「人」がいなくても，子どもに画面を注視させるだけの魅力を持っている。「テレビに子守りをさせるな」とよく言われるが，それはコンピュータでも同じことがいえる。保育においても，テレビを見せたり，コンピュータで遊ばせたりすることが，保育者の手抜きや放任の時間になってはならないのである。保育者がメディアの間に入り込むことによって，子どもが情報モラルを身につける効果も生まれやすく，そういうことが「情報活用能力」の基盤として重要である。

4．コンピュータにアニマシオンはあるか

　コンピュータは，絵本や紙芝居などのように想像をする楽しさを味わうための世界を十分に提供する。ロールプレイングゲームやシミュレーションゲームなどのように，物語の主人公として冒険する楽しさがあるからである。

　しかし，メディア特性を比較してみると（表8-3），情報の量と想像力とは反比例の関係にあるのではないか。たとえば，昔話で「トロル」が語られるのと，絵本の絵が情報として与えられるのと，動画によって見るのとでは，「トロル」に対するイメージの抱き方が異なる。情報の量が多ければ多いほど，想像する余地が少なくなることも認識しておく必要があるだろう。

　さらに言えば，コンピュータの仮想現実についての問題もある。ゲームのキャラクターが「何をして遊びたいですか？」と画面上のゲームの選択を促した時，メニューにはない，リアルな「鬼ごっこ！」と答えた子どもがいた。コンピュータの画面上で実験的に動物を飼っていた時，「あれって抱けないのかな……」と本気で思う子どもがいた。コンピュータは子どもの身体的な欲求を十分に満たさない。そういう意味では，絵本やテレビなどもあくまでも間接体験である。ごっこ遊びに象徴されるように，幼児期にはアニミズムや空想性によって，架空の人やものの存在を信じたり見立てたりするような，現実と虚構の区別が曖昧である姿が見られることがある。だからこそ，幼児期には，直接体験がやはり重視されなければならない。

　コンピュータの歴史は，絵本やテレビなどがたどってきた歴史よりもはるかに浅い。たとえば，『赤い鳥』によって童話の芸術性が高められ，絵雑誌『コドモノクニ』『キンダーブック』から今日の絵本に至るまで数々の名作がその

中から生まれた。日本の漫画やアニメと同様に，もちろんゲームもその芸術性が世界で高く評価されている。しかし，コンピュータの物語性は，ジェンダーや暴力に支えられている傾向が強く（湯地・森，1995），保育における児童文化財として成熟しているとは言いがたい。

児童文化では，特に読書の分野において，「アニマシオン」が注目されている。アニマシオンとは，ラテン語系の言葉で，魂の活性化，精神活動の活性化を意味する。それと似た概念として，古田（1997）は，子どもの文化活動の中心になるものを「"おもしろい，楽しい"—精神の集中・躍動・美的経験」としている。すなわち，子どもが物語の想像の世界を味わうことを通して，わくわくしたり，どきどきしたり，驚いたり，感動したり，悲しんだり，悔しい思いをしたり，心を揺り動かすさまざまな感情体験が大事なのである。そして，そこにコンピュータが果たす役割はあるかという問いを，絵本やテレビなどのメディアも含めて総合的に見つめ直す必要がある。これらの児童文化財が何であれ，保育の中で，テキトーに選ばれ，テキトーに使われるのではなく，保育の教材として適当なものを選択しなければならないからである。

5. コンピュータで遊びを創造する

コンピュータを導入している保育の実践例をみると，パルとプルルという架空の人物がファンタジーランドからソフトウェアを運んでくるという演出をしたり（倉戸・岸本，2004 など），子どもがコンピュータで描いた絵を保育者が拡大して印刷し，それを発表会の小道具に使ったり（堀田，2007），コンピュータで作ったオリジナルのTシャツをお泊まり保育で着たり，電子絵本をCDにして家庭に返したり，暑中見舞・年賀状・敬老の日のはがきを実際に投函したり，好きな絵をラミネートでランチョンマットにして持ち帰らせたり（堀田ら，2003）と，いずれも子どもの生活の文脈の中でコンピュータを使用するように心がけている。

このようにコンピュータを活用した保育実践には，コンピュータに終始するような事例はなく，必ず人や物との関係性が重視されている。デジタルの利点を十分に把握してアナログ的な活動と融合させ，バーチャルだけに終わらないリアルな学びを目指すことで，メディア創造力は培われる（豊田，2008）。こ

れまでも子どもが自作の絵本を作って楽しんだり，ペープサートを作って演じたりしてきたように，子ども自らがコンピュータを使って遊ぶ方法を創造するのではないだろうか。大切なのは，子どもの生活する姿をとらえ，保育のいろいろな場面で適切なメディアを見つけ出し，子どもとともに遊びを創造しようとする姿勢である。

4節 子どものメディア・リテラシー教育

1．メディア・リテラシーとは

　近年，学校教育の世界でメディア・リテラシー教育の必要性が指摘されるようになってきている。急速な勢いで情報化・メディア化するわが国の社会環境に対して，それに対応できる能力や態度をできるだけ早い時期から計画的に育成しなければならない。そういった問題意識が背景にあるようだ。

　ところで，メディア・リテラシーとはいったい何なのか。実は，メディア・リテラシー教育の必要性を叫ぶ声をよく聞いてみると，このまさしく根本的な点で十分な共通認識が得られているとはいえないのが現状である。極端に言えば，携帯電話を使って出会い系サイトのような「有害サイト」にアクセスしないようにすることがメディア・リテラシーであり，携帯電話を子どもに持たせないように指導することがメディア・リテラシー教育であるといわれる場合すらある。こうしたことが，メディア・リテラシー（教育）ではないというわけでは必ずしもない。ただし，それはかなり狭い解釈である。

　それではメディア・リテラシーとは何か。そして子どもに求められるメディア・リテラシー教育とは何か。本節が課題にするのは，このことである。

　まずはメディア・リテラシーという言葉から読み解いていくことにしよう。メディア・リテラシーとは，読んで字のごとくメディアについてのリテラシーである。しかし，メディア・リテラシーとひとくくりにしていう場合，メディアにしても，リテラシーにしても，私たちが日常的に使っている語感とはかなり異なる意味をそれぞれ持たされている。

　メディアとは，私たちが情報を伝え合う際に，その「なかだち」をするものを総じて指す言葉である。辞書には，「媒体」や「手段」と訳されている。

私たちはふだん，さまざまな情報をやりとりして生活をしている。文字による情報もあれば，映像による情報もある。「怒った表情」や「悲しそうな言い方」のような，感情的な情報も含まれる。私たちは，自覚・無自覚を問わず，誰かとコミュニケーションをとる場合は，必ず何らかの「なかだち」を介して，そういう情報をやりとりしている。その「なかだち」はすべてメディアである。
　私たちの日常的な語感では，メディアは，テレビ・新聞・ラジオといったマス・メディアか，携帯電話やパソコンといった電子機器を意味する場合が多い。しかし，メディア・リテラシーにおけるメディアとは，書籍・雑誌・絵本・紙芝居・チラシなど，情報をやりとりするありとあらゆるものを指している。厳密に言えば，私たちの声や身体もまた，ある種のメディアなのである。
　次に，リテラシーである。これはもともとは読み書き能力を指しており，とりわけ私たちが生きていくために最低限必要な文字の読み書きという狭い意味を持つ言葉であった。しかし現在ではその意味はかなり拡張され，「国民として持っておくべき基礎教養」を意味したり，「文化的な世界に参加する力」を意味したりしている。日常的には前者の基礎教養的な意味合いで語られることが多いかもしれないが，メディア・リテラシーの文脈では，後者の意味合いも含まれている場合も多い。すなわち，リテラシーとは，「基礎教養＋（広い意味での）読み書き能力」を指している。
　メディア・リテラシーは，以上の2つの言葉の合成語である。ざっくり言えば，メディアを読み書きするための知識と能力，あるいはメディアを（で）読み解くための知識と能力といえるだろうか。より練られた定義として，メディア研究者の水越（2005）による定義を紹介しておこう。
　「メディア・リテラシーとは，人間がメディアに媒介された情報を，送り手によって構成されたものとして批判的に受容し，解釈すると同時に，自らの思想や意見，感じていることなどをメディアによって構成的に表現し，コミュニケーションの回路を生み出していく，複合的な能力のことである」。ここで水越が言う「批判的」とは，別にメディアを介した情報にけちをつけるという意味ではない。その情報は何を意味しているのか，どこから発信されたものなのか，自分にとってどういう意味があるのかなど，情報を丸のみするのではなく，「注意深く」情報を受け取るというくらいの意味合いである。

すなわちメディア・リテラシーとは，たとえば携帯電話を例にとれば，その機器のメディアとしての特徴（パーソナルである，マルチメディアであるなど）やそれを介したコミュニケーションの特質（相手に「直結」できる，「つながっている」という実感を持てるなど）などをじっくりと考えたうえで，携帯電話を「なかだち」とした情報の受発信を行なっていけるというような，つとめて「認識」的な言葉である。決して，携帯電話を持たせるとか持たせないとか，そういった「行為」の結果のみを指すものではないのである。

2. メディア・リテラシー教育のねらいと実際
(1) 小・中学校

次に，以上のような意味でのメディア・リテラシーを教育の俎上にのせるということについて考えていこう。

どうして私たちはメディア・リテラシーを「教育」しなければならないのか。私たちがありとあらゆるメディアに囲まれて日常生活を送っている以上，それについてのリテラシーは日常生活の中で自然と「形成」されてくるものだと考えることもできる。実際に私たちの社会は，長い間そういう対応をし続けてきた。学校では，「いかにテレビを見ないか」ということが教育の対象になったとしても，「どのようにテレビを見るか」ということは家庭の問題であり，教育の（少なくとも学校教育の）対象にはなってこなかった。

しかし，ここ最近のメディア環境の急激な変化の中で，私たちの社会はメディア的にたいへん複雑になってきた。もはやリテラシーを人間の自然な「形成」に任せることはできないし，さらに家庭教育のみにすべてを委ねることも困難である。そこで，学校をはじめとした教育機関が，組織的・計画的にメディア・リテラシーを育成するための教育，すなわちメディア・リテラシー教育を行なうことの必要性が湧き起こってくる。

現在のわが国の学校教育では，実際にどのようになっているのか。実は，文部科学省の公的な文書では，メディア・リテラシー教育という言葉については，この言葉自体がやはり一定の立場性を示すということもあってか，その使用は慎重に避けられている。その代わりに，「情報教育」という言葉を用いながら，情報やメディアについての教育の推進が図られている。

文部科学省のいう「情報教育」とは，コンピュータなどのいわゆる情報機器（IT機器）の操作運用能力をトレーニングすることのみではなく，広く「情報活用能力」を育成することを指しているという。「情報活用能力」とは何か。次の3つの要素から成り立っているとしている（文部科学省，ホームページより）。

①情報活用の実践力：課題や目的に応じて情報手段を適切に活用することを含めて，必要な情報を主体的に収集・判断・表現・処理・創造し，受け手の状況などを踏まえて発信・伝達できる能力。

②情報の科学的な理解：情報活用の基礎となる情報手段の特性の理解と，情報を適切に扱ったり，自らの情報活用を評価・改善するための基礎的な理論や方法の理解。

③情報社会に参画する態度：社会生活の中で情報や情報技術が果たしている役割や及ぼしている影響を理解し，情報モラルの必要性や情報に対する責任について考え，望ましい情報社会の創造に参画しようとする態度。

「情報活用能力」と聞くと，コンピュータの使い方のことを指しているように思えてしまうが，能力・理解・態度という3つの要素の提示の仕方からも明らかなように，そこでは「情報」に関するもっと広い目標や内容が含まれている。少なくとも，小学校や中学校の中にパソコン教室を開設することが文部科学省のねらいではないようだ。

ところで，ここでいう「情報活用能力」と「メディア・リテラシー」は同じものか違うものか。この点は解釈が分かれる部分であるだろう。実際に，国策として推進されている「情報教育」と，メディア・リテラシー教育が目指そうとしているものとは明らかに違うとする見方もある。とりわけ，先に挙げた3つの「要素」の説明にある，情報手段の適切な活用，情報発信にかかる主体性，望ましい情報社会，のそれぞれの意味内容にまで踏み込んで考えれば，両者の違いはより際立ったものになる。ただ，ここでは，①情報やメディアに関する知識や能力を教育内容としていること，②将来，情報処理の仕事に関わるような特定の子どもを対象としている（専門教育）のではなく，広くすべての子どもを対象としている（一般教育），という2点をもって，ひとまず両者は最も広い意味で同じ方向を向いているというように解釈しておくことにしたい。

それでは，文部科学省は具体的にどのような「情報教育」を想定しているの

だろうか。推奨される学習活動例をいくつか拾っておこう（文部科学省，ホームページより）。

　①電子紙芝居作り：コンピュータの描画ソフト等を使って，グループで1つの紙芝居を作成。できあがった作品を紹介し合い，意見交換する。

　②ネット社会のバーチャル体験：学校内のネットワークに作成された「問題ページ（不確かな情報，流言など）」を実際に分析し，ネット社会で陥りがちな問題点やネット上でのマナーなどについて考える。

　③校内標識作り：日常生活にあるさまざまな標識を取材してその意味や効果を理解したうえで，校内標識を作成。実際に掲示して，その効果を評価する。

　ここでは，①学校教育のあらゆる学習場面を活用して（全領域主義），②情報やメディアに関わる広い内容を，③情報の発信者という観点をベースにしながら，学習することが想定されていることに注目したい。なお，もしもこうした学習活動でメディア・リテラシーの観点をもっと前面に押し出すならば，コンピュータで作った紙芝居と画用紙で作った紙芝居とを比較したり（メディアの特性の理解），自分たちで作った校内標識が他の児童にどういう影響を与えたのかを調べたり（メディアの社会的影響力の理解）するような学習活動が，より強調されることになるだろう。

(2) 幼稚園・保育所

　では，「幼児のメディア・リテラシー教育」について，私たちはどのように考えたらよいのだろうか。メディア・リテラシーを育成するために，どのように子どもを教育したらよいのだろうか。

　この問いかけに対しては，おそらく次のような答えが返ってくるだろう。メディア・リテラシー教育は「幼児には難しいのではないか」「幼児には早すぎるのではないか」と。このように答えるのは，メディア・リテラシーが前述の定義に見られるように，情報を「批判的に受容し，解釈する」能力とか，「思想や意見，感じていることなどをメディアによって構成的に表現」する能力とかいうように理解されることが多いからである。

　確かに幼児がものごとを「批判的に」読み解くことは難しいかもしれない。しかし，そう決めつけるのではなく，幼児の日常生活をふり返ってみよう。たとえば，子どもはお気に入りの番組が始まれば，テレビの画面に目を向けるだ

ろう。そして、テーマソングが番組の開始とともに流れてくると、子どもは一緒に歌ったり、番組の登場人物に合わせて身体を動かしたりする。これは文章を吟味し、批判的に解釈することとは異なるものの、数多く放送されているテレビ番組の中で、ある番組を選んでいる、言い換えれば、「批判的に」見ているとは考えられないだろうか。また、幼稚園・保育所や家庭において、子どもはそれぞれの場所で経験したことを話したり、絵に描いたりする。これは、子どもなりに「メディアを使って表現していく」ことといえる。ここに、メディア・リテラシーと幼児の接点を見いだすことができるのではないだろうか。

　そこで、メディア・リテラシーを「知る」(受信)と「伝える」(発信)に分けて、五感を通して感じたことを表現する幼児の活動を紹介する。

〈絵本の読み聞かせ〉

　絵本の読み聞かせは、保育所・幼稚園の「定番」の活動である。とはいっても、絵本の読み聞かせで苦労することは多い。「どんな絵本を選んだらよいのか、わからない」とか、「じっと聞いていることができず、絵本に集中できない子がいる」とか、絵本の読み聞かせについて相談が寄せられる。そこで参照されるのが絵本や子どもの本を紹介したり、解説したりした文献である。ただし、それらの中には「絵本は独断的な読者の解釈で、勝手に抑揚をつけて読んではいけません」とか、「絵本に書いていないことを付け加えて読むのはもってのほかです」とか、述べられていることがある。これらの文献を一概に否定することはできない。ここで注意してほしいのは、「絵本はこう読まなければならない」というマニュアルは存在しないということである。100人いれば100通り。100回読めば、やはり100通りの読みが生まれる。読み手は自分の声と耳を傾けて聞いてくれる相手の存在を感じ、聞き手は読み手の語りに耳を傾ける。ただそれだけである。

　絵本の読み聞かせについては、実にいろいろな立場から言及されている。しかし、これらのマニュアルから一度、離れてみて、読み手(保育者)と聞き手(幼児)の関係を基本にして、絵本の読み聞かせを見直すことが大切ではないだろうか。

〈言葉遊び〉

　「しりとり」や「なぞなぞ」は幼児にとって、お気に入りの言葉遊びである。

ここでは，『あっちゃん　あがつく』（さいとう，2001）を紹介したい。この絵本には「あっちゃんあがつくアイスクリーム」「いっちゃんいがつくイチゴジャム」などというように，わらべうた感覚で，食べ物の絵が描かれている。その食べ物は実に細部にわたり，丁寧に描かれている。

　幼児は保育者とともにこの絵本をくり返し読んでいくことを通して，言葉を覚えていくことができるだろう。姉妹編に，『しりとりしましょ！』（さいとう，2005）もある。

〈音当てクイズ〉

　カセットデッキとデジタルカメラの使い方を説明したあと，グループに分かれて，カセットデッキとバチを持って，クイズにするための音を探してその音を録音する。その際，音がするものをデジタルカメラで撮影しておく。そうした準備をした後，録音した音を聞いて，何の音かを当てるクイズを出す。正解はデジタルカメラで撮影した写真で確かめる。

　カセットデッキやデジタルカメラを複数，準備できないとか，これらの情報機器を用いることに躊躇するとかの理由で，音当てクイズは難しいかもしれない。しかし，ふだん何気なく耳にしている音に気づき，注意深く音に耳を傾ける経験となるのではないだろうか。

〈ショー・アンド・テル（show and tell：見せて発表する）〉

　お気に入りのおもちゃや本などを持参し，それを見せながら，友だちの前で，持ってきたものについて発表する。「ショー・アンド・テル」の進め方はきわめて単純明快である。

　「おはようございます」や「さようなら」などのあいさつ，生活発表会の劇などでは，あらかじめ言葉が決まっている。これに対して，「ショー・アンド・テル」では自分でしゃべる内容（ストーリー）を考えなければならない。何かについて発表するというと，小学生になってから練習するものと思われるかもしれない。しかし，人前で何かについてしゃべる訓練は幼稚園・保育所から始めることができる。

　何について話すのか，どこを見てしゃべるのか，どういう順番で語るのか，どうしたら聞き手の興味を引くことができるか。最初から，これらすべてをこなすことは難しい。しかし，「ショー・アンド・テル」はくり返すことに

よって，感じたことや考えたことを自分の言葉で伝えることに役立つのではないだろうか。

以上，「絵本の読み聞かせ」「言葉遊び」「音当てクイズ」の活動は"知る"活動であるのに対して，「ショー・アンド・テル」は"伝える"活動に分類できる。ただし，メディア・リテラシーをはぐくむ幼児の活動はいうまでもなく，これらに限定されるものではない。虫眼鏡や聴診器を使った探検，糸電話遊び，絵手紙作りなど，メディア・リテラシーをはぐくむ保育実践は多種多様である。

3. 子どもとメディア・リテラシー

さて，子どものメディア・リテラシー教育とはいっても，体系的なカリキュラムは今のところ見当たらない。メディア・リテラシーに直接つながる，情報機器の操作や新聞作り，映像の制作，情報モラル教育などは小学校・中学校に入ってから初めて学習するものであり，幼児教育にはなじまない。また，小学校や中学校においても，メディア・リテラシーを対象とした「教科」は単独では存在せず，国語科や社会科，道徳，総合的な学習の時間などにおいて，教科横断的に取り上げられている。要するに，メディア・リテラシー教育について，「一貫性」と「系統性」は今のところ，十分に考慮されているとはいえない。

このような現状を概観すると，子どものメディア・リテラシー教育はつかみどころがなく，不可能である，不要であると考えるかもしれない。しかし，メディア・リテラシーは覚えれば使えるという知識ではない。就学前であっても，「活字メディア」である絵本や「情報メディア」のデジタルカメラなどに触れることは可能である。幼稚園・保育所で，メディアに触れ，遊び，楽しむことを通して，メディア・リテラシーは少しずつ身についていくのではないだろうか。その意味では，先に紹介した五感を通して感じたことを表現する子どもの活動は，「学習」というよりも，「遊び」に重心を置いた活動である。

次に，保護者の問題についても考えなくてはならない。日本小児科医会の子どもとメディア対策委員会（2004）は，「『子どもとメディア』の問題に対する提言」として次のように述べている。

1. 2歳までのテレビ・ビデオ視聴は控えましょう。
2. 授乳中，食事中のテレビ・ビデオ視聴は止めましょう。

3. すべてのメディアへ接触する総時間を制限することが重要です。1日2時間までを目安と考えます。テレビゲームは1日30分までを目安と考えます。
4. 子ども部屋にはテレビ，ビデオ，パーソナルコンピューターを置かないようにしましょう。
5. 保護者と子どもでメディアを上手に利用するルールをつくりましょう。

また，NPO法人「子どもとメディア」も保護者の問題として，「主体性をもってメディアを選択し，判断し，発信する力を養うメディア・リテラシーを，子どもも大人も身につけましょう」と提案している。その活動は子どもとメディアに関する調査研究をはじめ，「ノーテレビデー」や啓発ビデオ「2歳までは，テレビを消してみませんか？」の制作などとしてまとめられている。同法人は乳幼児にとってテレビやビデオ，テレビゲームとの接触がどのような影響を与えるのかについて実態を調査した結果，メディアとの接触を止めることで得られる親子の直接的な関わりがきわめて重要であることを明らかにした。

日本小児科医会「子どもとメディア対策委員会」ならびにNPO法人「子どもとメディア」の活動はともに，親（保護者）が日常生活をふり返り，自らの子育てを考えるという意味で，子どもとメディアの新しい関係を模索する動きといえよう。

9章

保育実践の改革の動向
—実践力の向上のために—

1節. 相互作用を重視した保育の方法と技術

1. 人は人から学ぶ：居心地のよいクラスの人間関係づくりを目指して

　人が環境の影響を多大に受けて学び発達することは，古くから指摘されているが，特に人的環境の影響が多いことが，最近の研究で明らかにされつつある。家庭における多くの保護者の実感からも，乳児がハイハイやつかまり立ち，歩行を始めるきっかけとして，年齢の近い友だちと遊んだ経験がよく挙げられる。親の養育態度に関する研究では，それが子どもの性格等に影響を与えることが指摘されている。さらには，先生の運動量，音楽能力，言動等がクラスの子どもたちの発達に影響を与えることも明らかにされてきた。昨今では，子どもどうしの相互作用についてもその重要性が明らかにされつつある。

　教育方法を考えるにあたって，クラスの子どもたち自身がそれぞれの子どもにとっての教育資源であることを前提とする必要がある。ある子どもの興味関心が，他の子どもに新しいものの見方を喚起する。ある子どもの問いが，他の子どもにとっては発想さえしなかったことを気づかせる。ある子どもの個性や能力にあこがれ，他の子どもが努力をする。ひとりでつくる時とは違った工夫がともにつくる経験から生まれる。偶然と偶然がぶつかり合って新しい発見，工夫，学びがもたらされる。ともに唱う喜び，ともに演じる楽しさ，そういったものが保育の現場には多数ある。また一方で，ある子どもの暴力的・差別的・否定的言動や態度が，他の子どもたちに広がることも多い。保育において実践力を向上させるためには，子どもどうしの相互作用や関係性に保育者が気づくこと，時にそれを促すこと，そして，保育者が子どもどうしの相互作用にどの

ように関わるか，その方法と技術を磨く必要があると考える。

　子どもどうしの相互作用は，設定保育などのフォーマルな統制された保育の場面とインフォーマルな好きな遊び場面のいずれにおいてもみられるが，インフォーマルな環境においてより現われやすいとされる。子どもどうしの相互作用がたくさん生まれるように，いずれの場合でも，子どもたちにとって居心地のよい，安心して自らの思いを表現できる環境であるようなクラス経営が望まれる。

　子どもたちは保育者をいつも見ている。また子どもたちは模倣の天才でもある。保育者が日頃から，多様な考えや嗜好に対して柔軟な態度で，自分と違うものの見方や発想に違和感なくむしろ好意的に受け入れる姿が，子どもたちに好影響を与える。保育者が肯定語を多く使い，新奇なものを受け入れる態度を日頃から示すよう努力することにより，子どもが自由な発想を持ち，自らの考えや気持ちを躊躇なく表現できる受容的なクラスの雰囲気をつくることができる。

2. 主体的に学ぶ：好きな遊びと設定保育の融合を目指して

　幼稚園教育要領や保育所保育指針の改訂・改定がなされても，保育の普遍的な原理として「乳幼児の主体性を尊重した保育」がある。設定保育ばかりが授業のように続き，限定された時間内に，与えられ，指示された活動ばかりを一斉に統率されて行なうことは，幼児期にはふさわしくない。幼児期は好奇心，チャレンジ心，探求心が旺盛であり，かつ，思いをすぐ行動に移す時期である。この発達的特性を十分に考慮して，保育を行なう方法と技術を保育者は持たねばならない。一方で，好きな遊びの場面は，保育者の環境設定（静的援助）と相互作用（動的援助）によって，単に事故回避のために見守るだけで放任するのか，豊かな協同的な学びにつながるか，大きな違いが生じる。多様な活動を通じて子どもが，主体性を発揮する前提となる選択肢を得ることも時に必要であり，主体的活動につながるための好奇心をくすぐり，発達の最先端に作用するような環境設定と保育者の働きかけが必要となってくる。特に，保育者と子どもたちとの相互作用は重要である。

　相互作用を重視した教育方法として，好きな遊びと設定保育を融合させた，

プロジェクト・メソッドがある。プロジェクトとは，あるトピック（題材）について深く探求することである。その実践方法をプロジェクト・メソッドという。事例を挙げよう。

【事例】水のプロジェクト
　ある朝，園庭に氷が張っていた。子どもたちがそれを発見してうれしそうに保育者に見せる。
　「どうしてできたの」「寒いから氷になったんだよ」「つるつるしている」「とけてきた」「もとは水なんだよ」
　子どもたちが口々に発見，興味，疑問を発する。

　子どものこういった好奇心をきっかけにして，「水のプロジェクト」が開始する。保育者は，水・氷に関わる絵本，図鑑，写真，温度計，水の量や重さを量るもの，浮力を楽しむために体積や重さの異なるものなどを準備する。比較できる教材を工夫し用意する。この時，保育者が水の性質をよく知っていること，あるいは，子どもとともに探索しようとする姿勢が大切である。水の性質，たとえば重さがあること，物を浮かべること（浮力），くっつくこと，しみこむことなどを子どもが発見した場面や発見しそうな場面を想定することが重要である。また必要と思われた場合は，関連した設定保育の活動を導入してみる。プロジェクトのトピックについては『8歳までに経験しておきたい科学』（Harlan & Rivkin, 2003／深田・隅田監訳, 2007）などの資料が参考となる。
　プロジェクト・メソッドによる保育では，子どもたちの興味関心あるいは保育者の意図に基づいて設定された「トピック」について，子どもたちが十分に話し合う点が特徴的である。子どもたちのこれまでの経験や知識をお互いに話し合って，共有する。さらには，それを実際に遊びや探索活動，表現活動を通じて体験的に共有する。こういった話し合いや体験活動の中から新たな知りたいこと，調べたいこと，やってみたいことが創発され，プロジェクトが発展していく。保育者は，子どもの探索活動がより深いものとなるように，時にその領域に詳しい専門家の協力を得ることも望ましい。学芸員，司書，栄養士，小学校の先生，大学の先生など，地域の教育資源を大いに活用して，子どもの学

びが深まるように工夫する。また，実際にわかったことを，グラフや表，図，地図，スケッチなどで表わし，視覚的に比較しながら理解できるようにすることが大切である。また，実際に調べたこと，わかったこと，新たな疑問についても子どもどうしが話し合い，また，省察したりして，共有する。

　子どもどうしの相互作用，さらにはその子どもどうしの相互作用に保育者が関わる相互作用によってつくられるカリキュラムを，創発的カリキュラム（エマージェント・カリキュラム）という。子どもの興味や好奇心を大いに反映させてつくるカリキュラム（interest-based curriculum, horizontal planning）の系譜の1つである。観察や，ドキュメンテーション，クリエイティブ・ブレインストーミングといった手法を用いて，子どもたちと保育者の相互作用によって，子どもの判断・選択，感情を盛り込みつつ，方法や内容を改変していきながらつくられるカリキュラムであり，要素としての環境（物，出来事，人）が重要視されている。エマージェント・カリキュラムに関する最初の概説書は全米乳幼児教育協会より1994年に著わされている（Jones & Nimmo, 1994）。

　好きな遊びの中にわき出る子どもの興味関心からスタートし，保育者が明確な教育意図を持ち，好きな遊びの環境設定を工夫し，さらには，設定保育を構成する。そういった，好きな遊びと設定保育を融合した保育実践づくりにより，より主体性を活かし，かつ伸びようとする芽をつぶすことのない実践が可能になると考える。

3. 協同的に学ぶ：体験と体験をつなげる実践づくりを目指して

　一般的に年中児クラスになると，子どもたちは時系列的な記憶など，認識する力が育ち，他者の感情を思いやったり，約束を守ったり，ルールのある遊びを楽しみ，お互いの意見をぶつけ合い，一緒に遊びを工夫したり，作品を作るようになる。つまりこの時期には，相互作用が増えるだけではなく，相互作用の質にも変化が見られるが，残念ながら子どもの相互作用の発達についての認識に基づく保育が十分に浸透しているとはいえない。5歳児になっても，過程ではなく結果ばかりを重視した，相互作用のあまりない個々の活動の寄せ集めの実践をしている園も残念ながらある。運動会の翌日，一人ひとりに画用紙が配られ，一斉に指示されて子どもたちが「運動会の絵」を描く。ひな祭り用の

教材キットが一人ひとりに配られ個々の子どもが作品を完成させることを目標に作業する。一人ひとりにサクラの花に切り抜いた折り紙が渡され，一人ひとりが保育者の前に置いてある箱に列をなして並び，その花を1つずつ貼り付けて，「みんなで一緒にクラスのお片づけ箱を作りました」と保育者がまとめる。こういった実践では，子どもにとって，大切な教育資源となるはずの他の子どもを十分に活かしているとは言いがたい。

　虫に興味を持つ子どもが虫博士になれるように，その探求を発展させる援助をすること，加えてそのまわりにいる子どもに，さらにはクラス全体でその子どもの興味と体験，学びを共有すること。こうしたことについては，保育者こそが，子どもどうしの体験と体験をつなげる媒体としての役割を果たすことができる。体験と体験をつなげる保育者の援助には，1人の子どもの中の体験をさらに深めて次の日，またその次の日の発展した体験へとつなげる，いわば時系列的内容深化的な縦のつながりの援助と，ある子どもの関心や体験の共通点を見いだし，他の子どもの関心と体験とをつなげていくいわば横のつながりの援助とがある。いずれの「体験と体験をつなげる援助」も，保育者がたとえば虫を見て悲鳴をあげるようでは難しい。協同的な学びには，保育者の学びの姿勢も不可欠ともいえるであろう。

2節　人とつながる保育方法と技術
──家庭との連携，保幼小の連携

1. 家庭との連携：協同する保育を目指して

　家庭との連携の必要性が指摘されて久しい。1章で，保育者の専門性の特徴が，暗記型・記憶型・結果主義ではなく，活用型・展開型・文脈主義へと転換すべきであるとの考えを述べた。この転換は，学び全体に対して指摘されるものであると考える。2008年7月タイで開催された環太平洋乳幼児教育学会のテーマは，「知識基盤社会におけるこれからの幼児教育」であった。そこでの基調講演で取り上げられた話題の1つに，幼児期から思考力を育てること，考える力が重要であることがある。昨今，知識基盤社会における「生きる力」「コンピテンシー」の重要性が指摘されている。つまり，これからの子どもたちには，知識・技術を暗記するのではなく，これらとともにそれを活用する力を培う必

要がある。保育者にも，結果を重視するのではなく，相互作用を重視する姿勢のもと，子どもの「生きる力」と「学びの基礎」を培うことが今後ますます必要となってくると考える。よい絵が描けたか，完成度の高い作品が作れたかではなく，どのように考えどのような工夫を施したか，どのような相互作用が生まれどのような気づきがあったのか，その過程こそを大切にする必要がある。

　活用型・展開型・文脈主義の保育には，家庭との連携が不可避である。暗記や記憶重視の教育では，必要に応じて臨機応変にアレンジして使いこなす力がなかなか培いにくい。一方，その知識と技術が生きる場面がわかり，背景とともに学ぶ，つまり，文脈とともに得た経験に基づく知識と技術は，活用が可能である。そういう意味で家庭とのつながりが保育実践において重要となってくる。家庭との連携による教育効果を指摘する研究（Corter & Pelletier, 2005）もある。家庭の状況が園に十分に伝わり，家族の姿が園でよく見られ，保育者と家族の協同が図られることにより，園が家庭との連続性のある，子どもにとって居心地のよい場となり，結果，クラスの子どもたちの人間関係や学びの質が向上することが明らかになっている。

　保育現場では，「保育参加」という言葉を昨今よく耳にする。今までお客さんのように「参観」者として園にやってきた家族が，園で子どもと一緒に竹馬を作ったり，味噌作りをしたりする様子が今日よく見られる。「参観」から「参加」へと展開してきた家庭との連携のあり方は，さらに「参画」へと進める必要があると考える。家庭との連携の進んでいる園では，行事について，たとえば，どこに遠足に行くかを保護者と保育者とそして子どもとが相談して決めている。月1回保護者が活動を企画し実施している園もある。教材の購入などの会計についても開示し，意見聴取や提案を受け入れている園もある。子どもにとって，安定した園生活を実り多く過ごすには，家庭での子どもの姿に関する情報をもとに園と家庭とが連続した空間となるように工夫することが今後ますます望まれる。

2. 保幼小の連携：学びを見通す保育・学びの軌跡を活かす教育を目指して

　保幼小連携の必要性が伝えられて久しい。幼稚園と保育所の一体化に関わる議論は古くからなされ，保護者の就労の形態にかかわらず，子どもの保育の質

は等しく提供されるべきであることが指摘されてきた。園，学校という箱物が断絶的に変わっても，子どもにとっては，園と学校は連続した遊びと生活と学びの場である。保幼小連携は，国を超えた，古くて新しい課題である。たとえば，今から120年近く前にも，全米教育協会の幼稚園教育部会で発表された論文の3割弱が小学校との連携に関わるものであった（北野，2001）。ユニセフの保育領域専門家会議（2007年2月）（Technical Consultation on Resources and Early Childhood Services in Rich Countries. UNICEF Innocenti Research Centre, 5-6 Feb. 2007）では，保育の質を保障するためのベンチマークの1つとして，保育関係の政策管轄部局の一元化が議論された。経済協力開発機構の教育委員会の保育ネットワークでは，小学校教諭との免許の一致や，乳幼児の教育的要素の見直しが議論されている。保幼小の管轄が一元化され両者の教育がつながりのあるものとなることがきわめて重要であると考える。しかし実際は難しい。保幼小連携の壁となっていると考えられるものを整理したものが表9-1である。

　保幼小連携は，多くの地域で進められつつあるが，その大半がイベント中心である。保幼小連携に関わる調査（北野ら，2006）によれば，相互の訪問交流や連絡協議会は実施されているが，内容や方法に関わる連携は進んでいない。先に，暗記型・記憶型・結果主義ではなく，活用型・展開型・文脈主義へと学びを転換すべきであると主張したが，保幼小連携についても，イベント中心ではなく，文脈や生活を大切にした連携の形へと転換すべきであると考える。イベントを企画することは，日常の業務に加わる負担感につながることが否めない。保育者も教師の負担過多ではなく，質の向上・重複部分（無駄）の解消のための連携を考えたいものである。保育者と教師の人的関係を築き，両者の垣

■ 表9-1　保幼小連携の壁（Kitano, 2008）

セクト主義：政策管轄部局の二元化
義務教育の壁：保幼と小の断絶
保育に対する社会的評価の低さ
保育現場の閉鎖的体質

根を取り払う必要があると考える。そして，園での活動が後の教育にどのようにつながっているのかを考えること，また，学びの軌跡，教育の内容や方法を小学校に伝えることが期待される。

　一方で，小学校ではゼロスタートではなく，園での学びの軌跡を活かした実践が期待される。人事交流で園にやってきた小学校教諭は，発達の過程を考慮せず5歳児に3歳児の手遊びを実施する様子が見られる。小学校1年生になった子どもたちは，園で3歳児の手を引いてお世話をしながら遠足で行った同じ公園に，6年生に手を引かれて遠足に行くことがしばしばある。小学校高学年の教科書の歌を生活発表会で幼児が歌い，小学校低学年の体育では「運動遊び」が実施されるにもかかわらず，なぜか小学校に入る前の準備と称して器械体操や組体操が園の運動会でなされる。就学前の子どもの8割が自分の名前をひらがなで書けるともいわれるが，すべての子どもの連絡帳に記名をして準備する1年生の担任教師がいる。3，4歳で何度も読み聞かされた経験のある絵本を1年生のクラスで先生が読み聞かせた場合，その内容は子どもにとって退屈であろう。できるのに手を添えられたり禁止をされ，わかるのに知らないように扱われたり指示される現場があるとしたら，その方法は稚拙というべきであろう。そして，子どもの発達等の特徴のとらえ方が希薄だと，学級は自ずと崩壊してしまうであろう。保幼小連携の過程を考えたものが表9-2である。

　現在の日本では，多くがステップ2の②の過程で停滞していると考えられる。子どもの園での遊び・生活・学びの軌跡に関わる情報提供は，保育・指導要録

■ 表9-2　保幼小連携の3つのステップ

ステップ1　人的交流 　　①子どもどうしの交流 　　②教師・保育者間の交流
ステップ2　情報の共有 　　①特別支援，ニーズのある家庭，発達 　　②学びの軌跡（園レベル・子どもレベル）
ステップ3　内容・方法の連続性 　　①学びの軌跡を活かして教育を構想する 　　②学びを見通して教育活動を構想する

の義務化で少しずつ改善されることが期待される。先に例示した今から120年前のアメリカの学会誌では，方法についての連携が模索されていた。系統的なカリキュラムや方法論に関する実践研究が今後進められることが期待される。

3節. 生涯学習時代の保育者の力量形成

1. 研修の見直し：保育者主導の研修・再教育を目指して

　日本の保育現場では，多種多様な研修が数的にも多く実施されているが，それは，きわめて自主性に任せられたものである。文部科学省による幼稚園教員の資質向上に関する調査研究協力者会議（2002）の報告書「幼稚園教員の資質向上について」においても副題に，「自ら学ぶ幼稚園教員のために」とある。また幼稚園・保育所，私立・国公立あるいは園の所属する組織別にそれぞれ実施されており，横のつながりが見えにくい。加えて，資格や待遇に反映されるものとして十分に整備されているとはいえない（Kitano, 2004）。幼稚園教諭免許の更新制度が導入されたが，その内容について，より構造化していく必要があると考える。たとえばハンガリーでは7年に一度120単位取得しなければならない保育者の免許更新制度がある。その内容は，最新の科学的知識の学習や，保育士個人の得意分野の開発，実際の自らの実践ビデオをもとにした研修が含まれている（北野，2007）。ハンガリーの免許更新科目において実際に取り上げられた実践ビデオや，そのビデオを受講生が授業で視聴し議論する様子をみると，保育者は自らの実践とつなげながら，積極的に意見を交わし，提案や疑問を多数共有していた。

　講演や実技研修の多くは，最新の知識と技術を知り得るというリフレッシュメントとしての効果が期待されるが，保育者が実践で知識と技術を活用する力を培うことにつながっていくかどうかについては，疑問が残る。研究保育についても，テーマが組織から与えられて，順番が担当園に回ってきて公開保育や研究保育を実施する場合が多い。公開保育や研究保育は大変意義深いが，そこに，文脈がある場合のほうが，実際に保育に活用できる力量の形成が期待できると考える。研究課題を目の前の子どもの姿から抽出し，教育保育課程の作成や，実践記録とその検討，さらには改善へとつながる，そのような研修がより

望まれる。日本の園（校）内研修は，海外からも着目されその意義が高く評価されているが，それは，個々の子どもへの理解がより深いこと，園やクラスの特徴やこれまでの活動といった保育の文脈を考慮したうえで研修ができることなどの利点があるからだと考える。保育者が目の前の子どもと自らの実践から切に思い悩み課題と感じたこと，真に探求したい力をつけたいと思ったことが研修の中心となって，保育者主導の研修・再教育が進められる必要がある。

2. 孤立から協同へ：ともにつくる保育を目指して

　大学院に進学してきた元・現職保育者が口々に発することは，現場の世界が狭いこと，人間関係が園内に留まっている場合が多いことである。長年養成校で保育者を養成してきた大学教員からも，就職後の園の環境によって，本来の力が発揮されずなかなか伸びることができない残念なケースがある，一方で，就職した園の研修システムがすばらしく驚くほど力量を伸ばすケースが多々ある，などの声が聞かれる。園の保育者数は，限られている場合が多い。狭い人間関係の中では，保育者の得意分野がそれぞれ異なっていたり，年齢の断絶があったりする。園を超え，広く保育者どうしがつながり，ともに保育の質の向上を目指す，そういったネットワークが望まれる。保育者が1人でクラスを担任している場合，その実践をふり返る機会も少ない。昨今では，保育者間のみならず，メンタリングやコーチング，カンファレンスといった形で大学教員や地域の専門職と協同して，保育の質の向上を図る機会が徐々に提供されつつある。カンファレンスを通じて，自らでは気づかなかった自分の保育のすばらしい点を意味づけることができる。また，自分の言葉の特徴や，保育実践の偏りを発見することもできる。

　今日，乳幼児期がかけがえのない時期であること，その保育が重要であることが再度認識されつつある。保育に携わる者は，子どもの遊び・生活・学びを支える保育実践の方法と技術における最新の知識や技術を，目の前の子どもから示された必要性を第一に大いに採択し，保育者が孤立することなくすべての人々との協同のもとに実践で活用できる形で習得し，実際に保育の質を向上させていくように活用することが望まれる。

引用・参考文献

■1章

Buysse, V., & Wesley, P. W. 2006 *Evidence-based practice in the early childhood field*. Washington, DC: Zero to Three Press.

Groark, C. J., Mehaffie, K. E., McCall, R. B., & Greenberg, M. T. (Eds.) 2006 *Evidence-based practices and programs for early childhood care and education*. Thousand Oaks, Calif.: Corwin Press.

北野幸子・立石宏昭（編著） 2006 子育て支援のすすめ ミネルヴァ書房

Schön, D. A. 1984 *The reflective practitioner: how professionals think in action*. New York: Basic Books. 佐藤 学・秋田喜代美（訳） 2001 専門家の知恵―反省的実践家は行為しながら考える― ゆみる出版

Tarlov, A. R., & Debbink, M. P. (Eds.) 2008 *Investing in early childhood development: evidence to support a movement for educational change*. Palgrave Macmillan.

Tricia, D. 2007 *Promoting evidence-based practice in early childhood education*. Amsterdam: Jai Press.

■2章

秋田喜代美 1999 幼稚園教育における教師の役割 小田 豊・無藤 隆・神長美津子（編著） 新しい教育課程と保育の展開 幼稚園 東洋館出版社 Pp.49-57.

秋田喜代美 2004 教育の場における記録（インスクリプション）への問い 森田尚人 他（編）教育学年報10―教育学の最前線― 世織書房 Pp.439-455.

Ellis, C., & Bochner, A. 2000 Autoethnography, personal narrative, reflexivity: research as subject. In N. K. Denzin & Y. S. Lincoln (Eds.), *Handbook of Qualitative Research*. 2nd ed. Sage Publications. 平山満義（監訳）大谷 尚・伊藤 勇（編訳） 質的研究ハンドブック3巻 質的研究資料の収集と解釈 北大路書房 Pp.129-164.

長谷川勝好 2007 社会福祉法人興福会 黒崎保育園の保育実践についての指導助言より抜粋

今井和子 1999 改訂版 保育に生かす記録の書き方 ひとなる書房

神長美津子 2000 新しい幼稚園教育要領と実践事例集 第1巻 計画的な環境の構成 チャイルド本社 Pp.15-16.

河邉貴子 2005 遊びを中心とした保育―保育記録から読み解く「援助」と「展開」― 萌文書林

北野幸子 2007 保育士養成資料第45号 平成18年度全国保育士養成セミナー報告書 153-158.

小山祥子 2006 幼児理解と保育者の援助理解を深める保育記録に関する研究（1） 保育記録の原理・方法から再考する 北陸学院短期大学紀要, **38**, 99-113.

ミネルヴァ書房編集部（編） 2008 保育所保育指針 幼稚園教育要領 解説とポイント ミネルヴァ書房

文部科学省 2008 平成20年3月告示 幼稚園教育要領

森上史朗・安部明子（編著） 戸田雅美・北村都美子・金澤妙子・河邉貴子・佐伯一弥・徳安 敦（著） 2006 幼児教育課程・保育計画総論 第3版 建帛社

森元真紀子 1996 教育実習の実際 秋山和夫・成田錠一・山本多喜司（監） 教育・保育双書22 教育実習 北大路書房 Pp.48-64.

小川博久 2000 保育援助論 生活ジャーナル

岡田たつみ 2005 「私の中のその子」とのかかわり方 保育学研究, **43**（2），73-79.

引用・参考文献

民秋　言（編）　佐藤直幸・清水益治・千葉武夫・川喜田昌代（著）　2008　幼稚園教育要領・保育所保育指針の成立と変遷　萌文書林
牛田　匡　2004　自由教育学校研究に関する一考察—オート・エスノグラフィー研究に注目して—　関西学院大学教育学科研究年報，30，61-68．

■3章
Gardner, H. 1999 *Intelligence reframed: multiple intelligences for the 21st Century*. New York: Basic Books. 松村暢隆（訳）　2001　MI：個性を生かす多重知能の理論　新曜社
Harlan, J. D., & Rivkin, M. S. 2004 *Science experiences for the early childhood years: an integrated affective approach*. 8th ed. New Jersey: Prentice Hall. 深田昭三・隅田　学（監訳）　2007　8歳までに経験しておきたい科学　北大路書房
Lowenfeld, V. 1947 *Creative and mental growth*. New York: Macmillan. 竹内　清・堀内　敏・武井勝雄（共訳）　1963　美術による人間形成　黎明書房
森　司朗・杉原　隆・吉田伊津美・近藤充夫　2004　園環境が幼児の運動能力発達に与える影響　体育の科学，54（4），329-336．
小川博久　2000　保育援助論　生活ジャーナル
佐々木正人　1994　アフォーダンス—新しい認知の理論—　岩波科学ライブラリー12　岩波書店
杉原　隆・森　司朗・吉田伊津美　2004　幼児の運動能力発達の年次推移と運動能力発達に関与する環境要因の構造的分析　平成14-15年度文部科学省科学研究費補助金（基盤研究B）研究成果報告書
山本　弘　1981　誰にでもできる音楽の授業　明治図書出版
吉富功修　2006　25年前と現在の幼児の歌唱能力と音楽的環境との比較研究　平成16-17年度科学研究費補助金（基盤研究C）研究成果報告書

■4章
文部科学省　2008　平成20年3月告示幼稚園教育要領
森　司朗・杉原　隆・吉田伊津美・近藤充夫　2004　園環境が幼児の運動能力発達に与える影響　体育の科学，54（4），329-336．
岡田正章・千羽喜代子（編）　1997　現代保育用語辞典　フレーベル館
大川裕美　2005　ソニー幼児教育支援プログラム・優秀プロジェクト園実践発表会　自然との関わりを通して「思いやりの心」と「科学する心」を育む　公開保育4歳児保育案　西南女学院大学短期大学部附属シオン山幼稚園研究紀要，2，42-43．
清水陽子・白土智子・松隈玲子　2007　ティーム保育の実践的研究（1）　教師の連携による好きな遊びの充実について　西南女学院短期大学研究紀要，第50号
吉田伊津美　2005　園での遊びの性差と運動能力との関係　福岡教育大学紀要，54(4)，255-261．
吉田伊津美・杉原　隆・森　司朗・近藤充夫　2004　家庭環境が幼児の運動能力発達に与える影響　体育の科学，54(3)，243-249．

■5章
Jersild, A. T., & Bienstock, S. F. 1931 The influence of training on the vocal ability of three-year-old children. *Child Development*, 2, 272-291.
北野幸子　2004　保育者の専門性とは何か　白川蓉子（他編）　育ちあう乳幼児教育保育　有斐閣　Pp.199-217．
水﨑　誠　2008a　日本の保育歌唱教材曲集について—幼児の声域からの検討—　国際幼児教育研究，15，13-20．

水崎　誠　2008b　クラス歌唱中における個別歌唱の実態―幼稚園児を対象として―　日本教科教育学会全国大会論文集，221-222.
文部科学省　2008　平成 20 年 3 月告示幼稚園教育要領　第 2 章ねらい及び内容
日本児童美術研究会　2005　図画工作 3・4 上　ためしながら　日本文教出版　Pp.32-36.
Rutkowski, J.　1996　The effectiveness of individual/small-group singing activities on kindergartners' use of singing voice and developmental music aptitude. *Journal of Research in Music Education*, **44**, 353-368.
Wilson, B., Hurwitz, A., & Wilson, M.　1987　*Teaching Drawing from art*. Worcester, Mass.: Davis Publications.　花篤　實・岡崎昭夫・阿部寿文（訳）1998　美術からの描画指導　日本文教出版　Pp.26-27.
吉富功修　1982　幼児の無伴奏歌唱の研究―課題曲を用いて―　愛媛大学教育学部紀要第 I 部教育科学，**28**, 115-123.
吉富功修　1983　幼児の歌唱可能声域の研究―課題曲を用いて―　愛媛大学教育学部紀要第 I 部教育科学，**29**, 257-265.

■ 6 章

安藤美紀夫　1981　幼児期の子どもと文学　国土社
藤本朝巳　2007　絵本のしくみを考える　日本エディタースクール出版部
角野栄子　1985　魔女の宅急便　福音館書店
角野栄子（原作）　1985　アニメ絵本 魔女の宅急便　徳間書店
神田伸生　1997　保育の原理と課題　白鴎社　p.107.
河邉貴子　2005　遊びを中心とした保育―保育記録から読み解く「援助」と「展開」―　萌文書林　Pp.23-24.
厚生労働省　2008　平成 20 年 3 月告示　保育所保育指針
McLuhan, M.　1964　*Understanding media: the extensions of man*. New York: McGraw-Hill; London: Routledge and Kegan Paul.　栗原　裕・河本仲聖（訳）1987　メディア論―人間の拡張の諸相―　みすず書房
村川京子　2008　幼年童話　関口安義（編）　アプローチ児童文学　翰林書房　p.36.
瀬田貞二　1980　幼い子の文学　中央公論社
Schön, D. A.　1984　*The reflective practitioner: how professionals think in action*. New York: Basic Books. 佐藤　学・秋田喜代美（訳）　2001　専門家の知恵―反省的実践家は行為しながら考える―　ゆみる出版
高橋さやか　1984　乳幼児の遊びの発達―その発達プロセス―　新曜社　Pp.2-4.
陶山　恵　2008　アニメーション　関口安義（編）　アプローチ児童文学　翰林書房　p.81.
津守　真　1980　保育の体験と思索　大日本図書　Pp.4-5.

■ 7 章

Arter, J. A., Spandel, V., & Culham, R.　1999　A collection of work: portfolios serve as a tool for assessment and instruction. *Schools in the Middle*, **9**(4), 30-32.
Cohen, L.　1999　The power of portfolios. *Scholastic Early Childhood Today*, **13**(5), 22-29.
Courtney, A. M., & Abodeeb, T. L.　1999　Diagnostic-reflective portfolios. *The Reading Teacher*, **52**(7), 708-714.
Duffy, M. L., Jones, J., & Thomas, S. W.　1999　Using portfolios to foster independent thinking. *Intervention in School and Clinic*, **35**(1), 34-37.
Fenwick, T. J., & Parsons, J.　1999　A note on using portfolios to assess learning. *Canadian Social Studies*,

33(3), 90-92.
Gelfer, J. I., & Perkins, P. G. 1998 Portfolios: Focus on young children. *Teaching Exceptional Children*, **31**(2), 44-47.
Hanson, M. F., & Gilkerson, D. 1999 Portfolio assessment: More than ABCs and 123s. *Early Childhood Education Journal*, **27**(2), 81-86.
Helm, J. H., & Katz, L. 2001 *Young Investigators: the project approach in the early years*. New York: Teachers College Press.
Meisels, S. J. 1993 Using work sampling in authentic assessments. *Educational Leadership*, **54**, 60-65.
森上史郎（編） 1991 教育実習 ミネルヴァ書房
Murray, J. P. 1997 Successful faculty development and evaluation: the complete teaching portfolio. ERIC Digest. ED405759.
National Association for the Education of Young Children (NAEYC). 1988 *Position statement on standardized testing of young children three through eight years of age*. Washington, DC: Author.
野本茂夫・須永美紀・田甫綾野 2007 幼稚園教育実習の手引き（平成19・20年度版） 國學院大學幼児教育専門学校
Pastor, E., & Kerns, E. 1997 A digital snapshot of an early childhood classroom. *Educational Leadership*, **55**(3), 42-45.
Pierce, L. V., & O'Malley, J. M. 1992 *Performance and portfolio assessment for language minority students*. Washington, DC: National Clearinghouse for Bilingual Education.
ポーター倫子 2008 アメリカにおけるレッジョ・エミリアの保育の広がり 角尾和子（編） プロジェクト型保育の実践研究―協同的学びを実現させるために― 北大路書房 Pp. 94-103.
Potter, E. F. 1999 What should I put in my portfolio? Supporting young children's goals and evaluations. *Childhood Education*, **75**(4), 210-214.
Smith, A. F. 2000 Reflective portfolios: preschool possibilities. *Childhood Education*, **76**(4), 204-208.
角尾和子（編） 1993 幼稚園教育実習必携 川島書店
角尾和子（編） 2008 プロジェクト型保育の実践研究―協同的学びを実現するために― 北大路書房
高橋たまき 1984 乳幼児の遊び―その発達プロセス― 新曜社
高橋たまき 1989 想像と現実「子供のふり遊びの世界」 ブレーン出版
The University of Texas at Austin, 2008 Preparing a teaching portfolio guidebook. Prepared by the Center for Teaching Effectiveness Retrieved September 18, 2008, from http://www.utexas.edu/academic/cte/teachfolio.html

■8章

足立絵美 2008 日常空間で出会う非日常的存在に対する認識―リビングのテレビに登場する四次元ポケットを持ったドラえもんという存在に対する認識― 発達心理学会第19回ラウンドテーブル「魔法と科学の世界を生きる子どもたち」資料
足立絵美・麻生 武 2007 アンパンマンはテレビの中にいるの？―"子ども対話法"から見えてくる子どもたちの思考― 京都国際社会福祉センター紀要 発達・療育研究, **123**, 57-73.
古田足日 1997 子どもと文化 久山社
堀田博史 2007 緊急提言 どう取り入れる？どう使う？ 幼児とメディア 学習研究社
堀田博史・金城洋子・新田恵子・竹内 淑・水上 希・永井逕一・船曳明子・坂 和美 2003 保育におけるコンピュータ利用の実態調査 園田学園女子大学論文集, **38**, 141-168.
渡辺美由紀 1999 幼児向けマルチメディアソフトの紹介 堀田龍也・向後千春（編著） マルチメディアでいきいき保育 明治図書出版 Pp.85-105.
木村奈美子・加藤義信 2006 幼児のビデオ映像理解の発達 発達心理学研究, **17**(2), 126-137.

引用・参考文献

子どもとメディア研究会　2003　子どもとメディアの"新しい関係"を求めて　子どもとメディア研究会

小平さち子　2007　デジタル時代の教育とメディア②　幼稚園・保育所におけるメディア利用の現状と今後の展望　2006年度NHK幼児向け放送利用状況調査を中心に　放送研究と調査　6月号　日本放送協会　Pp.64-79.

倉戸直実・岸本義博（編著）　2004　コンピュータを活用した保育の実際―ゆたかな心を育むために―　北大路書房

水越　伸　2005　メディア・ビオトープ　紀伊國屋書店

森田健宏　2006　幼児のパソコン利用導入期における入力デバイスの操作性についての検討　日本教育工学会論文誌，**29**(4), 627-635.

村野井　均　2002　子どもの発達とテレビ　ひとなる書房

村野井　均　2005　「にほんごであそぼ」集団視聴時の幼児の反応　村野井　均・駒谷真美（編）テレビと幼児のかかわり②　家庭視聴と集団視聴　2004年度NHK番組制作局からの受託研究報告（財）日本放送教育協会　Pp.56-67.

（社）日本教育工学振興会　2007　平成18年度文部科学省委託事業　地域・学校の特色等を活かしたICT環境活用先進事例に関する調査研究報告書

日本小児科医会「子どもとメディア」対策委員会　2004　「子どもとメディア」の問題に対する提言

西村規子　2007　乳児期から幼児期へ変わり始めるテレビの見方―3歳になったフォローアップ調査の対象児たち―　放送研究と調査　NHK放送文化研究所　Vol.674, Pp.62-73.

さいとうしのぶ（作）みねよう（原作）　2001　あっちゃんあがつく　リーブル

さいとうしのぶ（作）　2005　しりとりしましょ　リーブル

澤田伸一・坂東宏和・馬場康宏・小野　和　2002　ペンインタフェースを利用した幼稚園教育の情報化の試み　情報処理学会研究報告　コンピュータと教育研究会報告　2002（96）Pp.1-8.

澤田伸一・坂東宏和・馬場康宏・小野　和　2004　大画面とタッチパネルの環境に適した幼児向けソフトウェアの試作　情報処理学会研究報告　コンピュータと教育研究会報告　2004（13）Pp.25-32.

豊田充崇　2008　デジタルとアナログの双方の利点を活かす　中川一史・北川久一朗・佐藤幸江・前田康裕（編著）　メディアで創造する力を育む―確かな学力から豊かな学力へ―　ぎょうせい　Pp.248-252.

湯地宏樹　1996　幼児のコンピュータゲーム遊びと感覚運動技能及び空間認知技能との関係　教育工学雑誌，**19**（3），141-149.

湯地宏樹　2004　幼児のコンピュータゲーム遊びの潜在的教育機能―メディア・リテラシー形成の観点から―　北大路書房

湯地宏樹・森　楙　1995　コンピュータゲームにおけるジェンダーと暴力　紀要 子ども社会学研究, **1**, 56-75.

＜参考・関係アドレス＞

放送倫理・番組向上機構（BPO）
　　http://www.bpo.gr.jp/

特定非営利活動法人コンピュータエンターテインメントレーティング機構（CERO）
　　http://www.cero.gr.jp/outline.html

初等中等教育における教育の情報化に関する検討会　初等中等教育の情報教育に係る学習活動の具体的展開について
　　http://www.mext.go.jp/b_menu/houdou/18/08/06082512/001.htm

文部科学省　情報教育の実践と学校の情報化―新「情報教育に関する手引」―
　　http://www.mext.go.jp/a_menu/shotou/zyouhou/020706.htm

引用・参考文献

■9章

Corter, C., & Pelletier, J. 2005 "Parent and community involvement in schools: Policy panacea or pandemic?" In N.Bascia, A.Cumming, A.Datnow, K.Leithwood, & D.Livingstone, (Eds.), *International Handbook of Educational Policy*, Dordrecht: Kluwer Pub. Pp.295-327.

Harlan, J. D., & Rivkin, M. S. 2003 *Science experiences for the early childhood years: an integrated affective approach*. 8th ed. New Jersey: Prentice Hall. 深田昭三・隅田 学（監訳） 2007 8歳までに経験しておきたい科学 北大路書房

Jones, E., & Nimmo, J. 1994 *Emergent curriculum*. Washington DC:NAEYC.

北野幸子 2001 世紀転換期アメリカにおける幼児教育専門組織の成立と活動に関する研究―領域の専門性の確立を中心に―（学位論文：未刊）

Kitano, S. 2004 Current Issues in In-service Training of Preschool Teachers in Japan. PECERA PECERA 5th Annual International Conference and Meeting 2004, 69-70.

北野幸子 2007 ケア・教育・子育て支援を担う保育士養成システムの現状調査と4年制モデル養成システムの検討 平成18年度厚生労働科学研究（政策科学推進研究事業）総括研究報告書

Kitano, S. 2008 How to be a learning organization in ECE: Current issues in ECE in JAPAN. 環太平洋乳幼児教育学会2008年大会企画シンポジウム発表原稿

北野幸子・三村真弓・吉富功修 2006 家庭・保育所・幼稚園・小学校連携の課題に関する一考察―質的分析を中心に― 福岡教育大学紀要第55号 第5分冊，71-81.

文部科学省 2002 幼稚園教員の資質向上について 幼稚園教員の資質向上に関する調査研究協力者会議

索　引

●あ
合図　65
遊び　105
遊びの特徴　105
遊びの変化　59
アニマシオン　175
アニメーション　119
アフォーダンス　33

●い
EBP（Evidence Based Practice：根拠に基づいた実践）　81
イメージの共有化　68
インターネット　122, 169, 171
インタラクティブ性　170

●う
ウィルソン（Wilson, B.）　89
牛田　匡　29
運動　59, 60
運動遊び　32, 34, 35, 59, 77, 78, 80, 110
運動能力の低下　59
運動量　33, 34

●え
絵本　119
エリス（Ellis, C.）　29
エントレイメント（entrainment）　102, 103

●お
オート・エスノグラフィー（Auto-Ethnography）　29

お便り　27
音環境　127
オノマトペ　127, 129
音楽遊び　36, 39, 40
音楽活動　36, 37, 39
音楽・造形共同授業　134
音楽表現　39, 40
音程　64

●か
科学遊び　44, 45, 47, 48, 90
科学する心　114
歌唱活動　81
歌唱行動　81
仮想現実　174
楽器　39, 40
葛藤経験　54
ガードナー（Gardner, H.）　48
環境構成　67-69
環境づくり　66
観察記録　146, 147
間接体験　174

●き
北野幸子　81
キッズスマート（KidSmart）　170
ギブソン（Gibson, J. J.）　33
教育課程　12, 14
教育実習Ⅰ　151
教育実習Ⅱ　152
教育実習の課題レポート　153
教育哲学　145
教員評価表　144

201

索　引

共感できる身体　110
協同　96
協同製作　41
協同的な学び　96

● く

草玩具　115
草花新聞　116
クラス全体の歌声　83
グループでの歌唱活動　85

● け

劇遊び　139, 141
けんか　73, 76, 94, 97

● こ

個人の目標　147
ごっこ遊び　49, 52, 73, 100, 139
言葉遊び　181
子ども性　131
子どもとメディア　184
子どもの理解力　110
個別歌唱　83
コミュニケーション　177
コンピュータ　122, 179, 180
コンピュータエンターテインメントレーティング機構（CERO）　168

● さ

さいとうしのぶ　182
佐々木正人　33

● し

試行錯誤　88
事後記録　25-29
自己調整　77
実習と授業の融合　152
実習日誌　20

失敗体験　93
指導案　14
児童文化財　175
自問自答　28, 29
社会性　94, 97
就学前教育　87
集団遊び　78, 80
修了論文　154
主体性　93
主体的な表現　68
生涯学習　6
省察　144
情操教育　40
情報活用能力　169, 179
情報機器の操作　135, 173
情報技術　179
情報教育　179
情報モラル　179
ショーン（Schön, D. A.）　138
身体活動の低下　59
人的環境　65

● す

杉原　隆　35
図形楽譜　128, 130
角尾和子　142

● せ

声域　82
生活科　93
生活環境知　3
生活の連続性　169
製作遊び　40
製作活動　86
製作コーナー　43
青少年の時間帯　167
生得的な学び　45

202

索引

● そ
造形教育　86, 87
造形表現　40, 90
想像力　174
ソフトウェア　123, 172

● た
体育科との連続性　77
多重知能　48

● ち
知識基盤社会　189
知的探究　45
直接体験　174

● つ
通年教育実習　151

● て
ティーチング・ポートフォリオ　144, 145
DTM（Desk Top Music）　123
デジタル図鑑　173
テレビ・ビデオ視聴　183

● と
同僚性　24

● な
仲間意識　74

● に
日案　14
乳幼児の社会性　94
人間関係知　4
人間関係づくり　71
人間関係能力　52, 54
ニンテンドーDS　171

● は
パーソナリティの発達　35
バーチャル体験　180
パソコン　123, 124, 136
発見ノート　117
発達知　3
発達ポートフォリオ　146, 150, 151
発展的保育研究　154
ハーラン（Harlan, J. D.）　48
パワーポイント　124, 126
反省的実践者　138

● ひ
PDA（携帯情報端末）　171
美術環境　89
ビデオ　136
ビデオカメラ　135, 137
ビデオ編集　135, 137
一人ひとりの歌声　83
描画発達　41
表現教育　86
表現力　40

● ふ
ふり遊び　100
ふり返り　23, 138
プロジェクト型の保育　142
プロジェクト・メソッド　187

● へ
ペープサート　140, 141

● ほ
保育課程　12, 14
保育者の子ども理解　26, 100
保育所保育指針　9, 186
保育の円環構造　23
放送倫理・番組向上機構（BPO）　167

203

索　引

放任　86
ポートフォリオ　144
ボホナー（Bochner, A.）　29

● ま
マス・メディア　177
学びの連続性　169
マルチメディア　122, 124, 126, 170

● み
水越　伸　177
水﨑　誠　83
MIDI　123-125

● め
メディア・リテラシー　176, 177, 180, 183
メディア・リテラシー教育　178, 183

● も
森　司朗　33, 60

● ゆ
ユーザビリティ　170
ユビキタス・コンピューティング　172
ユビキタス・ネットワーク社会　169

● よ
幼稚園教育要領　9, 55, 186
幼年童話　119
吉田伊津美　60, 62
吉富功修　36, 81, 82
読み聞かせ　181

● り
リズム　64, 67
リブキン（Rivkin, M. S.）　48
領域健康　104, 110

領域言葉　103
領域人間関係　101, 103
領域表現　101, 104
理論と実践の統合　152

● る
ルール　65, 70, 71, 73, 78, 80, 97

● れ
レッジョ・エミリア・アプローチ　147
連絡帳　27

● ろ
録音伴奏の利用　85

■執筆者一覧■

北野　幸子	（編者）	第1部1章，第4部9章
中尾　香子	（宮崎学園短期大学）	第1部2章1節
木戸　啓子	（倉敷市立短期大学）	第1部2章2節
上田　敏丈	（中国学園大学）	第1部2章3節
中坪　史典	（広島大学大学院）	第1部2章4節
吉田伊津美	（東京学芸大学）	第2部3章1節，4章2節，5章1節
三村　真弓	（広島大学大学院）	第2部3章2節
小山　優子	（島根県立大学短期大学部）	第2部3章3節
隅田　　学	（愛媛大学）	第2部3章4節
市川　良子	（私立大和幼稚園）	第2部3章5節
赤石　元子	（東京学芸大学附属幼稚園）	第2部4章1節
川俣美砂子	（福岡女子短期大学）	第2部4章2節
清水　陽子	（西南女学院大学短期大学部）	第2部4章4節
寒河江芳枝	（浦和大学）	第2部4章5節，5章5節，7章1節
水崎　　誠	（東京学芸大学）	第2部5章2節
丁子かおる	（福岡教育大学）	第2部5章3節
内藤　博愛	（広島大学附属小学校）	第2部5章4節
荒木　紫乃	（編者）	第3部6章1節，8節
関口はつ江	（東京福祉大学大学院）	第3部6章2節
河本　洋子	（青山学院大学）	第3部6章3節
佐藤　英文	（鶴見大学短期大学部）	第3部6章4節
山田　吉郎	（鶴見大学短期大学部）	第3部6章5節
小野　貴史	（信州大学）	第3部6章6節
吉仲　　淳	（青山学院大学）	第3部6章7節
鮫島　良一	（日本社会事業大学）	第3部6章8節
橋本　弘道	（鶴見大学短期大学部）	第3部6章9節
角尾　和子	（編者）	第3部7章1節
ポーター倫子	（ワシントン州立大学）	第3部7章2節
野本　茂夫	（國學院大學）	第3部7章3節
村野井　均	（茨城大学）	第4部8章1節，2節
湯地　宏樹	（比治山大学短期大学部）	第4部8章3節
赤沢　早人	（奈良教育大学）	第4部8章4節
寺岡　聖豪	（福岡教育大学）	第4部8章4節

■編者略歴■

北野幸子（きたの・さちこ）
1998 年　広島大学大学院教育学研究科博士課程後期幼児学専攻単位修得満期退学（教育学博士）
現　在　福岡教育大学教育学部・大学院教育学研究科准教授
〈主著・論文〉
　育ちあう乳幼児教育保育（共著）　有斐閣　2004 年
　子育て支援のすすめ：施設，家庭，地域を結ぶ（共編著）　ミネルヴァ書房　2006 年
　幼児教育のフロンティア（共編著）　晃洋書房　2009 年
　8 歳までに経験しておきたい科学（分担執筆）　北大路書房　2007 年
　ケア・教育・子育て支援を担う保育士養成の実態と課題　社会福祉学，50 巻 1 号（印刷中）　2009 年

角尾和子（すみお・かずこ）
1945 年　東京第一師範学校女子部卒業
1952 年　早稲田大学第二文学部哲学系心理専修卒業
東京都文京区立誠之小学校教諭，学芸大学附属幼稚園教諭・教頭，附属竹早小学校教諭として幼児・児童の指導にあたる。後，川村短期大学保育科，川村学園女子大学のほか，富山大学教育学部，東京学芸大学教育学部，女子聖学院短期大学，帝京大学等にて教育・保育者養成にあたる。2001 年退職。
〈主著〉
　子どもの生活とその導き方：幼児期から児童期へ（共著）　東洋館出版社　1958 年
　幼い子どもたちの絵をみるために：豊かな，確かな，のびやかな成長を願って（共著）　学習研究社
　　1988 年
　児童文化の研究：幼い子どもに豊かな文化を（共編著）　川島書店　1987 年
　保育原理：幼児教育の原理と方法　文化書房博文社　1987 年
　幼稚園教育実習必携（編纂）　川島書店　1980 年
　プロジェクト型保育の実践研究：協同的学びを実現するために（編著）　北大路書房　2008 年

荒木紫乃（あらき・しの）
1970 年　同志社女子大学学芸学部音楽学科ピアノ専攻卒業
1976 年　愛知県立芸術大学音楽学部作曲科卒業
1987 年　東京学芸大学学校教育専攻幼児教育学修士課程修了（教育学修士）
　鶴見大学短期大学部保育科准教授を経て，
現　在　日本社会事業大学非常勤講師
〈主著〉
　聴覚障害児の残存聴力活用（共著）　教育出版　1997 年
　音・音楽の表現力を探る（編著）　文化書房博文社　2003 年
　プロジェクト型保育の実践研究：協同的学びを実現するために（分担執筆）　北大路書房　2008 年

遊び・生活・学びを培う教育保育の方法と技術
―実践力の向上をめざして―

2009年6月10日　初版第1刷印刷　　定価はカバーに表示
2009年6月20日　初版第1刷発行　　してあります。

　　　　　　編　著　者　　北　野　幸　子
　　　　　　　　　　　　　角　尾　和　子
　　　　　　　　　　　　　荒　木　紫　乃
　　　　　　発　行　所　　㈱北　大　路　書　房
　　　　　　　〒603-8303　京都市北区紫野十二坊町12-8
　　　　　　　　　　　　電　話　(075) 431-0361 (代)
　　　　　　　　　　　　Ｆ Ａ Ｘ　(075) 431-9393
　　　　　　　　　　　　振　替　01050-4-2083

© 2009　　　　　　制作／T. M. H.　印刷・製本／㈱太洋社
検印省略　落丁・乱丁本はお取り替えいたします
ISBN 978-4-7628-2681-8　　Printed in Japan